You Can NEVER Have

Too Much

S.E.X.

(Self-Examination)

En Español

Stop Blaming Others & Take

Responsibility

Deja de culpar a los demás y asume la responsabilidad.

By: Laura A. Franklin

"You Can Never Have Too Much S.E.X" En Español by Laura A. Franklin. ISBN 978-1-63868-221-9.

Contenido

Agradecimientos

Para mis hijos, nietos y ahijados: Espero que aprendan LA lección antes de tener que aprender SU propia lección.

❖

Es difícil ser el primero, pero es más difícil ser el último. ¡Que valga la pena!

❖

¡Gracias, Amigo(a)!

❖

Precaución: Puede que no me vuelvan a invitar después de leer esto.

Prefacio

Como autora de este libro, quiero dejar en claro que, aunque tengo licencia para conducir, no soy una terapeuta con licencia. Las ideas que comparto aquí provienen de mis propias experiencias, conversaciones sinceras con amistades, lecciones de familia, sabiduría de mi comunidad, e incluso encuentros con perfectos desconocidos. Este libro no pretende diagnosticar ni tratar ninguna condición que puedas estar enfrentando. Más bien, busca ser una chispa—una que pueda despertar recuerdos del pasado, inspirar esperanza hacia el futuro y fomentar una profunda auto-reflexión. Al terminar de leer, puede que sientas el deseo de pedir perdón—a otros, a ti misma, a Dios... tal vez incluso a mí.

Sé que, a primera vista, el título de este libro podría hacer pensar a los lectores que se trata únicamente de sexo. En realidad, solo dos secciones están dedicadas a la intimidad en ese sentido. Al crecer y esforzarme por convertirme en la mujer que Dios quiso que fuera, no entendía realmente lo que significaba la intimidad. Mi falta de conocimiento en esta área generó desafíos en cada relación, donde el sexo era simplemente un acto y no una experiencia. La manera en que abordamos la Auto-EXaminación moldea cómo avanzamos. Nunca es fácil mirar hacia adentro y enfrentar nuestras propias fallas—ya sea en la búsqueda del crecimiento personal, la superación o simplemente para convertirnos en una mejor versión de nosotros mismos. Pero la verdadera transformación comienza con una reflexión honesta.

Durante una parte significativa de mi vida, busqué validación en los demás. La mayoría de las veces, esa validación fue pasajera, superficial o tuvo un costo que no estaba dispuesta a pagar. Conseguí mi primer trabajo a los 18 años, y en cada lugar donde he trabajado desde entonces, me he encontrado con alguien—ya sea un colega o un superior—que tenía un problema conmigo. No necesariamente porque yo fuera el problema, sino simplemente porque existía en un espacio donde no creían que yo debía estar. Recuerdo haber sido contratada por una organización reconocida, solo para sentir el peso del juicio desde el momento en que crucé la puerta. Las miradas, los ojos en blanco—era evidente que ya habían decidido que no era apta para el puesto. Habían oído que venía, hojeado mi currículum mientras tomaban su café de la mañana, y me descartaron antes siquiera de darme la oportunidad de demostrar quién soy.

No tomo a la ligera las responsabilidades que tengo—con Dios, conmigo misma, con mi familia, mis amistades y mi comunidad. Dicho esto, debo ser honesta: mi nombre es Laura, y estoy en un Espectro. Pero si somos realmente honestos con nosotros mismos, podemos reconocer que, de alguna manera, todos lo estamos. Tal vez te sorprendas moviendo la pierna aunque no haya música, parpadeando repetidamente o moviendo la nariz. Quizás eres obsesiva con cómo se organizan las cosas en el piso, la pared o la mesa. Puede que tengas TDA o TDAH, que te cueste concentrarte o que te distraigas con facilidad

(¡ARDILLA!). Sea lo que sea, la sociedad suele etiquetar estos comportamientos como "irregulares" o "anormales", pero la verdad es que son simplemente parte del amplio y diverso espectro de la experiencia humana.

Por lo que recuerdo, todo comenzó en mi adolescencia. Me encontraba contando losetas—en el techo, en el piso—viendo patrones intrincados que asumía que nadie más notaba. Como pasajera en un vehículo en movimiento, mi mente se enfocaba en patrones y formas más allá de las nubes. No puedo explicar exactamente por qué, pero me fascinaban. ¿Recuerdas esos techos de salón de clases antiguos con pequeños agujeritos? Yo sí. Contaba los agujeros y las losetas en grupos de 10, 20 o 30, organizándolos en mi mente como si fueran piezas de un rompecabezas. Creaba formas y patrones que, con el tiempo, me di cuenta, seguían principios geométricos. Incluso contaba las tablillas del piso—2 y 1, 2 y 1—hasta que formaban una secuencia pareja y perfecta. ¿Y si no lo hacían? Volvía a empezar hasta que lo lograran.

AMO los números. Tengo una memoria casi fotográfica cuando se trata de ellos. De niña, era como una guía telefónica ambulante—en aquellos tiempos cuando la gente dependía de esas gruesas páginas blancas y amarillas. Pero en mi casa, mi mamá no necesitaba una. Me tenía a mí. Podía recordar direcciones, números de teléfono, placas, números de Seguro Social, números de licencia de conducir, números VIN de vehículos, e incluso secuencias extrañas de computadoras con total facilidad. Los números simplemente tenían sentido para mí de una forma en que las palabras a veces no lo tenían. Al mismo tiempo, puedo sentirme mentalmente sobre estimulada por agrupaciones de luces mezcladas con colores llamativos, ruidos fuertes o demasiada atención. Quiero ser notada—pero por las razones correctas, no solo por sobresalir.

También tengo una habilidad impresionante para recordar fechas. Soy como un calendario andante—si mencionas un evento próximo, por lo general puedo decirte en qué día de la semana cae sin siquiera pensarlo. Mis hijos lo entenderán ahora; hay secuencias que corren constantemente por mi mente que no puedo explicar del todo. Pero los números no son mi única peculiaridad. También he tenido dificultades con la comprensión lectora desde quinto grado. Si no leo en voz alta, no retengo lo que he leído. Es un desafío con el que aún lidio hoy en día, pero he aprendido a hacerlo funcionar a mi favor. Y ni hablemos de la música.

La mayoría de los músicos te dirán que constantemente escuchan armonías. Yo soy así. Recuerdo haber visto una grabación en vivo de un coro, y cuando el proyecto final fue editado y publicado, no sonaba igual. Sé que las productoras suelen regresar al estudio después para añadir armonías adicionales o rellenar huecos y así lograr un sonido más pulido, y creo que eso fue lo que pasó. Pero incluso antes de esas ediciones, ya podía escuchar en mi mente las partes que faltaban. ¿El desafío? Mis oídos, mi cerebro y mi boca no siempre se comunican en sincronía, lo que hace difícil cantar lo que escucho. Durante aproximadamente dos años, tuve la oportunidad de enseñar canciones a un coro cuando no teníamos pianista. Cantaba y enseñaba las tres voces de oído. Lo que más amé de esa experiencia fue que el coro confiaba en mí. Creían en mi capacidad, y cuando vieron los resultados de lo que habían aprendido, fue profundamente gratificante. ¡Disfruté cada momento! Esto también forma parte de estar en el espectro.

Cuando era niña, el término más comúnmente usado era "Educación Especial" o "SPED." En aquel entonces, llamar a alguien "SPED" era un insulto—una burla. Eso fue hasta que entendí realmente lo que significaba... y me di cuenta de que yo era una de ellas. Nunca olvidaré cuando una educadora mencionó el programa de SPED de una escuela local, y me impactó de una manera que no esperaba. Me molestó tanto que oré y le pedí perdón a Dios por cada vez que usé ese término en mi ignorancia. Fue una lección que llevo conmigo hasta el día de hoy: ten cuidado con lo que te burlas de los demás—un día podrías encontrarte en su lugar. Para quienes suelen decirme "baja la velocidad," ahora entienden por qué me muevo tan rápido. Mi mente está constantemente en movimiento, a una velocidad que mis piernas apenas pueden seguir. Lo intento, pero los pensamientos nunca se detienen. Una vez, mi pastor dijo algo profundo sobre las madres: "Cuando se acuestan por la noche, sus cuerpos descansan, pero sus mentes siguen repasando lo que sí y no ocurrió ese día, mientras ya piensan en el mañana." Ahora, imagina a esa misma madre... y que además está en el espectro.

La lavandería es una tarea que nunca termina. Siempre hay algo fuera de lugar en casa que capta mi atención y me impulsa a arreglarlo. El desorden no me sienta bien. Sin embargo, encuentro consuelo en lo que yo llamo caos organizado. Puedo abrazar estas peculiaridades porque son una parte esencial de quién soy y lo que me impulsa a seguir adelante. Y está bien. Lo he aceptado. Con el tiempo, tú también lo harás.

Introducción

Si pudiera hablar con mi yo más joven, le diría:

"Defiéndete cuando ese hombre adulto te toque de forma inapropiada, no te quedes en silencio—lucha por ti." Le diría que Ricky Jones es el verdadero MVP de los niños.

Le diría que grite con todas sus fuerzas cuando ese hombre blanco la persiga por la calle en College Park, Georgia. Le diría que ahogue al niño que intentó quitarle el traje de baño bajo el agua. Le diría que le dé un puñetazo en la garganta a cada niño que haga un comentario vulgar sobre su cuerpo o su rostro. Le diría que le dé una bofetada a cada niño que se negó a creer que ella podía lanzar un balón de fútbol americano al otro lado del campo sin dudarlo, jugar como corredora y receptora, y aún así marchar en la banda. Le diría: ¡Eres poderosa!

También le diría: "¡Pártale la cabeza a tu cuñado por ponerle las manos encima a tu hermana embarazada—sin importar cuánto lo defienda ella, incluso cuando te mande a casa por llamar a Madea y contarle la verdad!" Le diría que empuje a Otis de su go-kart por llamarla 'plana' y preferir a su hermana en lugar de a ella. Le diría que espere por Horace—sí, es un nerd, pero vale la pena. Ese chico mayor, Michael, el que ella cree que quiere… él solo quiere una cosa. Le advertiría que Michael tiene 18 años y todavía está en noveno grado. No es inteligente, no es tu futuro, y solo te va a frenar.

Le advertiría que, a los 16 años, se entregará a un chico que la va a lastimar—física y emocionalmente— por su propio narcisismo e inseguridades. Y esa experiencia moldeará la forma en que verá a los hombres negros durante años. Pero, sobre todo, le diría que nada de eso es su culpa—aun cuando sus agresores intenten hacerle creer que lo fue.

Le aseguraría que nada de eso fue su culpa— simplemente no sabía lo que era el amor verdadero. Le diría: "Prepárate," porque la vida te pondrá a prueba de formas que jamás imaginaste. Lucharás contra el cáncer de mama—no una, sino dos veces—y sobrevivirás. Escribirás libros, estarás en escenarios importantes, darás la mano, besarás bebés e inspirarás a muchísimas personas. Pero nada de eso llenará el vacío que, sin saberlo, has mantenido abierto, esperando que el amor verdadero encuentre su camino hacia ti. La verdad es que no entenderás realmente lo que es el amor hasta que cumplas 55 años. También le diría que harás historia, convirtiéndote en una de las primeras—si no la primera—mujeres afroamericanas en servir como Comisionada de Vivienda en tu ciudad. Pero sin importar cuánto luches, sin importar cuánto demuestres tu valor, nunca te dejarán entrar del todo. Se negarán a respetarte, a incluirte, a reconocerte—a pesar del título y de los logros. Y aun así, te mantendrás firme.

Lo último que le diría es esto: está bien estar en un espectro. Es lo que te hace única. Abrázalo. Sí, poner una cuchara en tu oído te permite escuchar las conversaciones de otras personas—y esa es solo una de las pequeñas rarezas que te hacen ser tú. Debes saber que Jesús te ama más de lo que cualquier hombre podría hacerlo. Él es el único que realmente puede llenar ese vacío que has estado cargando. Ninguna de las ofensas en tu contra fue tu culpa, pero por un tiempo, sentirás que es tu carga—porque puedes ser terca y de carácter fuerte. Un día, esa carga se convertirá en tu combustible, y te impulsará por el resto de tu vida.

Capítulo Uno

Atractivo S.E.X. – ¿Quién SOY YO?

A los 12 años, todo en mi mundo comenzó a cambiar. Llegó la pubertad, descubrí mi "oído musical", abracé por completo mi etapa de marimacha y me enamoré de los deportes. Encontré mi voz—tanto dentro como fuera del campo—y aprendí a defenderme a mí misma y a los demás. La vida se sentía como un torbellino de momentos emocionantes y decisivos.

El baloncesto, el atletismo y el fútbol bandera se convirtieron en mis pasiones. En la cancha de baloncesto, jugaba como ala-pívot. En el equipo de atletismo, corría el relevo 4x100 y participaba en salto de altura. Y en el fútbol, jugaba como mariscal de campo y receptora. Pero a pesar de mis habilidades, yo misma me limitaba. En el baloncesto, tenía miedo de mi propio talento, dudaba en "actuar" frente al público. Ese miedo me mantuvo en la banca más veces de las que me gustaría admitir. Era un día abrasador de mayo en College Park, Georgia, y yo estaba en un partido de local del equipo de baloncesto de mi escuela secundaria. Como siempre, llevaba conmigo un balón de baloncesto y uno de fútbol. Mientras caminaba por la cancha antes del partido, comencé a girar el balón de baloncesto sobre un dedo, completamente inconsciente de quién me estaba observando. La entrenadora del equipo femenino de baloncesto me llamó.

"¿Cómo te llamas? ¿En qué grado estás?", me preguntó.

Después de que respondí, me lanzó una pregunta que lo cambió todo:

"¿Quieres jugar en el equipo?"

Le dije que sí. Y así, de repente, ya estaba dentro.

Como la temporada ya había comenzado, solo quedaba un número de camiseta: el 56. "Un número de linebacker", pensé. Pero ahora era mío. Cuando llegué a casa, no podía esperar para contarle a mi mamá y a mi hermano mayor. Mi hermano mayor había jugado baloncesto en la preparatoria, y yo no quería nada más que seguir sus pasos. Estaba emocionada—pero no estaba preparada para lo duro que serían las prácticas. Yo solo quería jugar por diversión. Mi entrenadora se lo tomaba muy en serio.

En un partido, mi mamá y mi hermano vinieron a verme jugar. Solo que... no jugué. Me senté en esa banca todo el tiempo, y mi emoción se convirtió en una vergüenza silenciosa. El camino de regreso a casa fue callado, salvo por los comentarios de mi hermano mayor. Se burló de que no tuve ni un minuto en la cancha—no tenía idea de que lloré en la ducha esa noche. No por lo que él dijo, sino porque quería con todas mis fuerzas hacerlos sentir orgullosos.

Unirme al equipo de Fútbol Bandera fue una batalla completamente distinta. No se trataba a las niñas de forma justa. Los chicos eran abusivos—ruidosos, molestos y llenos de lo que yo llamo energía de "cabeza de agua". Los chicos cabeza de agua son esos que no paran de hablar, dicen tonterías solo para sacarte de quicio, o te rechazan antes de darte la oportunidad de demostrar lo que vales. Esos chicos ya habían oído hablar de mí, y se notaba que estaban intimidados. Siempre he sabido reconocer a un chico intimidado—habla demasiado, se burla de mi apariencia, y me reta de inmediato para ver si de verdad soy tan buena como han escuchado.

Lo que ellos no sabían era que yo tenía cinco hermanos mayores. Cada uno, a su manera, me había preparado para ese momento. Me enseñaron a ser fuerte, a lanzar un puñetazo, a encestar un balón de baloncesto y a lanzar un balón de fútbol americano más lejos que la mayoría de los chicos de mi edad. Si quería estar con mis hermanos y sus amigos, tenía que demostrar que no era débil. ¿Conoces el dicho "Puedo mostrártelo mejor de lo que puedo explicártelo"? Eso fue exactamente lo que hice. En mi primer día de fútbol bandera, lancé más lejos, corrí más rápido y atrapé mejor que la mayoría de ellos. Las prácticas y los partidos estaban llenos de groserías y burlas, pero ninguno se atrevió a enfrentarse conmigo. Sabían que no les convenía. Siempre había uno de mis hermanos cerca, observando.

En la escuela secundaria, a menudo me encontraba preguntándome: "¿Quién soy?" ¿Por qué era tan importante esa pregunta? Probablemente porque, a medida que avanzaba el año escolar, la vida me golpeaba rápido. Comencé mi etapa de mujer, tuve a mi primer novio "mayor" y viví mi primer desamor real. Mirando hacia atrás, ese chico no era inteligente—tenía una sola cosa en mente, y no era el amor. Cuando se dio cuenta de dos cosas—que yo era mejor que él en los deportes y que no le iba a dar lo que quería—me dejó sin pensarlo dos veces.

En esos años también descubrí algo verdaderamente especial sobre mí: tenía un oído musical. Podía distinguir entre tonos y, como se decía en aquel entonces, podía cantar "al centro". Mi maestro de música a menudo me pedía que cantara desafinada frente a la clase—no para avergonzarme, sino para ayudar a los demás estudiantes a reconocer cuándo algo no sonaba bien. La mayoría de los coros se mantienen en armonía de tres voces, pero el nuestro a veces interpretaba piezas en siete voces: soprano primera y segunda, alto primera y segunda, tenor, barítono y bajo.

Mi amor por la música comenzó desde muy pequeña—alrededor de los cinco o seis años. La iglesia a la que asistía mi familia en ese entonces solo cantaba la melodía. Pero yo siempre podía escuchar las armonías en mi cabeza. ¿El desafío? Descubrir cómo sacarlas—cómo tomar lo que escuchaba por dentro y traducirlo con mi voz. Curiosamente, esta habilidad se la he transmitido a mis hijos. Si escuchamos una canción y se nos ocurre una armonía, la cantamos instintivamente. Para nosotros es algo natural—pero para los demás, probablemente sea increíblemente molesto.

Mientras estaba en la escuela secundaria, cantaba en el coro de la escuela, y nunca olvidaré la primera canción que aprendí con armonía—*We Can Work It Out* de The Beatles. Mientras el director del coro enseñaba la melodía a las sopranos, yo escuchaba algo diferente en mi cabeza—otra parte, otra capa. Sin pensarlo, comencé a cantarla suavemente en voz baja... o al menos eso creía. De repente, la voz del director cortó el silencio en el salón.

"¿Quién está cantando eso?" preguntó. Tomada por sorpresa, rápidamente admití: "Soy yo. Lo siento."
Pero en lugar de regañarme, me sorprendió. "¡Cántalo otra vez!" insistió.

Comencé a cantar la segunda línea—mejor conocida como la parte de alto—mientras las sopranos llevaban la melodía. La directora hizo una pausa, claramente intrigada.

"Estoy impresionada," dijo. "¿Has tomado clases?" Negué con la cabeza. "No, pero he cantado en el coro de la iglesia desde que tengo memoria."

Ese fue el momento en que todo hizo clic—no solo tenía oído musical, también tenía voz. Al crecer, mis hermanos mayores y yo no teníamos opción cuando se trataba de cantar en el coro de la iglesia—nos voluntariaban. Pero nunca protesté. Amaba la música, así que la abracé. Tuve mi primer solo en la iglesia a los cinco o seis años, pero no fue hasta que cumplí 12 que realmente entendí la música. Cada uno de esos momentos me formó en quien soy hoy. Pero me tomó superar incontables desafíos—no solo en la música, sino en la vida—para realmente saber y creer que soy exactamente quien Dios dice que soy.

Reconociendo mi lado crítico

Una cosa que he aprendido sobre mí misma es esto: soy crítica—intencionalmente. ¿Cuántas personas pueden admitir eso? A veces, mis juicios se basan en la apariencia de alguien. Otras veces, se activan por la manera en que una persona exagera sus logros. Nunca he sido de las que se impresionan por el dinero, las marcas de diseñador o las posesiones llamativas. Tampoco me dejo influenciar por personas que hablan como si hubieran aprendido a expresarse hojeando un diccionario de sinónimos.

Vivo según algunos principios clave:

• "La gente usa malas palabras cuando no puede pensar en nada inteligente que decir."
• "No uso palabras rebuscadas a menos que sepa cómo usarlas correctamente en una oración—y realmente entienda su significado."

Trato de elegir mis palabras con cuidado. También intento no mencionar nombres importantes. No ando mostrando mis títulos o mi educación para llamar la atención. Y ciertamente no pongo el foco en mis logros a menos que sea necesario—y aun así, lo mantengo al mínimo. Creo firmemente en la sabiduría de Proverbios 18:16, "La dádiva del hombre le ensancha el camino y lo lleva delante de los grandes." Puede que no sean los grandes que otros imaginan, pero la escritura no especifica quiénes serán—solo que sucederá. También he descubierto que he sido crítica por juntarme con las personas equivocadas. Pero esa es una conversación para más adelante.

No fue sino hasta mis 40 años que realmente comencé a usar la sabiduría y a defenderme a mí misma. Antes de eso, no tenía problema en alzar la voz por los demás—si veía algo mal, lo señalaba. Si presenciaba a alguien robando en una tienda, avisaba al personal. Si encontraba una cartera llena de dinero, la entregaba sin dudar, porque me imaginaba cómo me sentiría yo si la hubiera perdido. La gente me decía que era tonta por hacer lo correcto, pero para mí, la integridad siempre ha pesado más que el beneficio personal.

Hablar en mi defensa, sin embargo, era una lucha completamente distinta. Cada vez que lo intentaba, se me apretaba la garganta, me sudaban las manos y la ansiedad se apoderaba de mí. La confrontación no solo implicaba exponer al agresor—también significaba exponerme a mí misma. Y hay una vulnerabilidad profunda, casi paralizante, en mostrarle tu dolor a los demás. Ese miedo no surgió de la nada. Fue una semilla, probablemente plantada por mi madre, quien fue criada por padres de la Generación del Silencio. Ella rara vez alzaba la voz, pero sus acciones—o la falta de ellas—decían mucho más de lo que imaginaba.

Michael Jackson una vez cantó *"Man in the Mirror"*, una canción escrita por Siedah Garrett y Glen Ballard. Su mensaje es poderoso—nos reta a mirarnos a nosotros mismos con sinceridad y sin rodeos. La mayoría de las personas se miran en el espejo para revisar su apariencia—su ropa, su peinado y su imagen en general. Pero, ¿con qué frecuencia nos miramos en el espejo para vernos de verdad? ¿Para reconocer nuestras fallas y preguntarnos cómo estamos contribuyendo al mundo—tanto a lo bueno como a lo malo?

"Another Day in Paradise" de Phil Collins dice mucho sobre quiénes somos como personas. La canción cuenta la historia de una mujer que clama por ayuda, solo para ser ignorada mientras un hombre finge no oírla y cruza la calle. Me hace reflexionar sobre cuántas veces he hecho lo mismo—demasiado ocupada, demasiado distraída o simplemente sin querer molestarme. No fue hasta que me imaginé en

sus zapatos que entendí lo fácil que puede cambiar la vida. Cualquiera de nosotros podría estar a una oración de distancia de encontrarse en esa misma situación. Mi madre nunca nos obligó a dar a los pobres, ayudar a una anciana a cruzar la calle, donar a los albergues o ser amables—simplemente nos lo mostró. A través de sus acciones en el trabajo, en la iglesia y en la comunidad, lo vivía a diario.

Mi padre era parte de lo que se llama la Generación Grandiosa, nacido dos décadas antes que mi madre. No eran del tipo de personas que hablaban solo por hablar. Sus palabras tenían peso y eran intencionales. Tenían conversaciones largas y significativas entre ellos, pero cuando se trataba de transmitir sabiduría a nosotros, sus hijos, lo hacían de forma breve y directa. Antes de que mi padre falleciera, tuvimos una conversación sobre qué hacer después de su partida. Le pregunté:

"Papi, ¿y si todavía no sé qué hacer?"

Sin dudarlo, respondió: "¡Tendrás que averiguarlo!"

Esas palabras aún resuenan en mi cabeza casi a diario—en el trabajo, en la iglesia, en mi comunidad. Es curioso cómo la vida te devuelve la sabiduría cuando menos lo esperas. Mi padre no era solo un hombre de palabras; era un hombre de acción. Veterano del Ejército de los Estados Unidos, dedicó su tiempo a servir a su comunidad. Donaba en silencio a causas importantes—aportando a una organización sin fines de lucro local que promovía la igualdad para los afroamericanos y contribuyendo a la investigación contra el cáncer. No hablaba mucho sobre el bien que hacía. Simplemente lo hacía.

A menudo me han dicho que soy alguien en quien se puede confiar la información más sensible, y que sé escuchar. Guardo sus palabras con confidencialidad. Algunos me llaman una "guardiana de secretos."

Pero lo que la mayoría no se da cuenta es que cargar con tanto conocimiento sobre los demás y sobre la vida puede ser tanto una bendición como una carga. No es que me la pase pensando en lo que me han contado o repitiéndolo en mi mente. Sin embargo, el peso de esas verdades no dichas siempre está ahí, guardado en un espacio que nunca pedí ocupar.

La responsabilidad que llevo es inmensa. Traicionar la confianza de alguien—compartir sus sueños, miedos, problemas de salud, relaciones o dificultades financieras—significaría que ya no soy un lugar seguro. Y, sin embargo, cuando la gente se da cuenta de que sé más que un cónyuge, una mejor amiga o incluso una figura prominente, me enfrento a críticas, sospechas y juicios. Pero si un terapeuta lo sabe, ¿o si un pastor guarda la misma información? Eso sí se acepta. ¿Es porque no tengo una licencia? ¿O simplemente por quién soy? La ironía es que, si hablara, me llamarían chismosa o traidora. Pero por quedarme en silencio, igual me critican. De cualquier manera, cargo con el peso sola.

A principios de este año, envié un correo electrónico a un grupo de personas en quienes confiaba—hombres y mujeres—personas que sabía que serían honestas conmigo. Les hice cuatro preguntas simples, pero reveladoras:

1. ¿Cuál dirías que es mi mayor fortaleza?

2. ¿Cuál dirías que es una de mis mayores debilidades?

3. Si pudieras contratarme para cualquier trabajo, ¿cuál sería?

4. ¿Qué adjetivo usarías para describirme?

¿La razón por la que hice esas preguntas? Porque a menudo me cuesta cuando la gente dice: "Háblame de ti." Siempre me ha resultado difícil hablar de quién soy de una manera que se sienta auténtica y completa. Las respuestas que recibí fueron tanto alentadoras como reveladoras. Algunos me describieron como acogedora, cálida, buena oyente y segura de mí misma. Otros señalaron que, irónicamente, la confianza también era una de mis debilidades—a veces no veo que soy perfecta para un rol, incluso cuando es evidente para todos los demás. Las sugerencias de trabajo iban desde gestora de relaciones hasta directora de proyectos.

Otras respuestas destacaron mi fuerte fe en Dios, mis habilidades organizativas y mi capacidad para comunicarme de manera efectiva. Se mencionaron carreras como dirección de hogares de cuidado o residencias asistidas, y los adjetivos que usaron para describirme fueron realmente conmovedores: dinámica, humilde, trabajadora, de mente abierta, optimista, inteligente, decidida, leal, persistente, extraordinaria, resiliente, confiable y sincera. Leer esas palabras me hizo sonreír. Saber que la gente me veía de esa manera fue tanto reconfortante como alentador. Pero una respuesta me impactó de forma distinta. Fue directa, honesta y, en el fondo, sabía que era cierta:

"A veces no te das cuenta de lo que ocurre a tu alrededor. Pero eso también puede ser algo bueno, porque te mantiene alejada de problemas innecesarios. ¿La desventaja? También hace que pases por alto cosas que podrían ser importantes." Eso me hizo detenerme. La verdad en esa última respuesta me obligó a reflexionar sobre momentos dolorosos de mi pasado—momentos que en su momento me costó enfrentar, y mucho menos hablar de ellos.

Cuando era niña, fui ofendida por alguien en quien mi familia confiaba. Sabía que lo que estaba pasando estaba mal, pero el miedo me mantuvo en silencio. No podía reunir el valor para contárselo a un adulto. Además, a los 16 años, me encontré en una relación abusiva. Una vez más, sabía que estaba mal, pero tenía demasiado miedo para hablar. La vergüenza también jugó un papel—ser víctima se sentía humillante. Pero más allá de eso, temía que nadie me creyera. Su familia era muy conocida en la comunidad, y me preocupaba que, de alguna manera, yo terminara siendo la culpable.

Al mirar atrás, ahora entiendo que mi silencio no era solo miedo—era lo que psicólogos y coaches de vida llaman una respuesta traumática. Desarrollé un patrón de decir demasiado sobre nada o de cerrarme por completo. Incluso ahora, me cuesta expresar ciertas emociones porque, en el fondo, sigo luchando contra sentimientos de estar desprotegida y sin apoyo. Muchos de mis momentos más vulnerables me costaron más de lo que estaba dispuesta a pagar. Pero la sanación me ha transformado. Con el tiempo y la madurez, expresar este lado de mí se ha vuelto más fácil. Aún requiere esfuerzo, pero ya no se siente imposible. He crecido. Me he sanado.

Lamentablemente, presenciar el abuso de primera mano no solo me afectó emocionalmente—también moldeó mis percepciones sobre los demás. Durante mis primeros años de adultez, desarrollé prejuicios profundamente arraigados hacia personas de cierto tono de piel y género. Me tomó tiempo, reflexión y un proceso intencional de desaprendizaje para poder enfrentar y liberar esos sentimientos. Ahora, cuando una situación desencadena recuerdos del pasado, los pensamientos pueden surgir, pero ya no me definen. Los reconozco, los proceso y los dejo ir.

Un Momento de Auto-Examinación

A través de una profunda auto-reflexión, he llegado a darme cuenta de que en ese entonces—y ahora también—soy todos esos adjetivos que me compartieron, y aún más. Pero me ha tomado años aceptar por completo quién soy en Cristo. Sé que hay un llamado más grande sobre mi vida, más allá de lo que actualmente estoy haciendo. Me apasiona mi trabajo, pero a menudo me encuentro vulnerable ante cosas que parecen más grandes que yo—cosas que, en realidad, solo son distracciones, formas en que el enemigo intenta desviarme de mi verdadero camino.

A medida que continúo creciendo, he tenido que hacerme algunas preguntas difíciles—preguntas que me desafían a enfrentar mis miedos, realinear mi propósito y buscar sabiduría divina. Tal vez estas preguntas también te ayuden a ti:

1. ¿Quién eres... de verdad?

2. ¿Qué o quién te intimida en los espacios que pisas?

3. ¿Qué consejo te daría tu madre?

4. ¿Qué consejo te daría tu padre?

5. ¿Qué haría Jesús?

Las respuestas quizás no lleguen fácilmente, pero vale la pena buscarlas.

Para ser honesta, mi primer instinto fue responder a la pregunta número uno con: "¡Soy Batman!"—pero eso no sería del todo exacto. La verdad es que saber quién eres es esencial—ya seas una persona de fe, miembro del ejército, líder comunitario o estés en cualquier posición de influencia. Antes de poder ayudar verdaderamente a otros a descubrir quiénes son, primero debes comprenderte a ti mismo.

En lo más profundo, eres mente, voluntad y emociones.

• Tu mente es la que piensa—la que procesa, analiza y da sentido al mundo.

• Tu voluntad es la que decide—la que elige el camino que tomas.

• Tus emociones son las que sienten—las que responden, reaccionan y te conectan con las experiencias a tu alrededor.

Cada vez que interactúas con otros, hay un intercambio—una interacción con tu alma. Ya sea con tus padres, tu familia, tus compañeros de trabajo, tu pareja o alguien con quien estás saliendo, tu alma siempre está involucrada. Por eso, saber quién eres no solo es importante—es necesario.

El Costo de Ser Crítica

A causa de mis propias actitudes críticas, sé que me he perdido de mucho—amistades significativas, oportunidades laborales prometedoras, proyectos ministeriales increíbles, una buena cita, y posiblemente hasta un gran segundo esposo.

La verdad es que nuestro pasado moldea cómo respondemos a nuestro futuro. Y aunque he sanado de muchas cosas, una herida permanecía: confiarle a alguien… mi verdadera yo.

La confianza, para mí, no es algo que doy con facilidad. Tal vez estés pensando: Bueno, confías en el piloto del avión, en el conductor del autobús, en el maquinista del tren… Y sí, es cierto—porque sé que no tienen una conexión personal conmigo. No tienen un interés real en mi vida. Simplemente están haciendo su trabajo. Es algo profesional, no personal. Pero en el momento en que uno de ellos—o cualquier otra persona—intenta formar una relación personal conmigo, mis sentidos se ponen en alerta máxima. Y es entonces cuando entra en escena mi alter ego: Elizabeth.

Elizabeth y el Arte del Coqueteo

Elizabeth me da el valor para decir cosas que normalmente no diría—nada vulgar, pero sí con bastante atrevimiento. A veces, eso juega a mi favor. Otras veces, me mete en problemas. En mis veintes, era una gran coqueta. Si veía a un hombre guapo y no llevaba anillo de bodas, coqueteaba—sin dudarlo. Su raza no importaba. No se trataba de empezar algo serio; solo era cuestión de ver qué tan lejos podía llegar.

Un día, iba en el asiento del pasajero con una de mis hermanas cuando un Mercedes-Benz negro con los vidrios muy polarizados se puso a nuestro lado. Podía notar que el conductor era un hombre, pero no le veía la cara. Eso no me detuvo. Bajé la ventana y, sin pensarlo dos veces, empecé a coquetear. El hombre comenzó a bajar su ventana en respuesta. Emocionada, me giré hacia mi hermana y le dije: "¡Está interesado!"

Y entonces… la mortificación. Era mi Pastor. Asintió con la cabeza, completamente tranquilo, y dijo: "Nos vemos en la iglesia." Ahí terminé de coquetear con desconocidos. Al menos por un tiempo.

Quién Soy vs. Lo Que Hago

A menudo he escuchado el dicho: "Quién eres no es lo que haces." Tu profesión—ya sea electricista, oficial de policía, bombero o funcionario público—es simplemente un rol que cumples. Pero quién eres realmente proviene del corazón.

La Escritura nos recuerda esta verdad: *"De la abundancia del corazón habla la boca."* — Lucas 6:45 (RVR1960). Lo que llena tu corazón inevitablemente saldrá de tus labios. Si tu corazón alberga maldad, de tu boca fluirá negatividad. Si tu corazón está lleno de bondad, la compasión será tu lenguaje. Aunque el bien y el mal no pueden coexistir en el corazón, ambos pueden salir de la misma boca.

Durante mucho tiempo, minimicé mis dones—no porque no los reconociera, sino por la atención que atraen, tanto positiva como negativa. Me hice pequeña, incluso cuando mis dones eran grandes. Pero asumir mi yo auténtico significa abrazarlos por completo.

La experta financiera y personalidad de las redes sociales Lynn Richardson—conocida cariñosamente como "Tía" por muchos—una vez dijo algo que se me quedó grabado: *"No te hagas pequeña cuando tienes un don grande. Deja que la luz de Dios brille a través de ti—y dales unos lentes oscuros a quienes no soporten esa luz."* Así que hoy te pregunto—**¿Quién eres tú?**

Comer por Emoción y la Batalla Interna

Cuando se trata de lidiar con la ansiedad y la depresión, recurro a la comida—los antojos y el comer en exceso han sido mis mecanismos de afrontamiento. Papas fritas, helado, comida mexicana, sándwiches, palomitas, refrescos—lo que sea. Principalmente cosas saladas. Mis antojos vienen en oleadas, y en esta etapa de mi vida, sospecho que gran parte de ello es hormonal.

Si tengo que cantar un solo—ya sea en inglés o en español, ya sea una pieza nueva o una canción que he cantado cien veces—me pongo ansiosa. Y cuando me da ansiedad, como. Irónicamente, mi comida reconfortante favorita es el helado, lo peor para mi garganta y mis cuerdas vocales. No es el miedo lo que me impulsa a hacerlo. Sé que puedo cantar, y sé que lo hago bien. Es ese espacio intermedio—la espera, la anticipación—lo que desencadena ese comportamiento. Y cada vez, sucede de la misma manera. Reconozco el detonante después de haberme dado el gusto. Ese pensamiento familiar aparece: *"Lo he hecho otra vez."* Y con él, llega la culpa.

El enemigo conoce nuestras debilidades mejor que nosotros mismos. Pero reconocerlas es el primer paso para superarlas. Participar en S.E.X. (Auto-EXaminación) significa admitir que algunas batallas no se pueden luchar solas. Buscar ayuda—a través de la terapia, conversaciones en grupo, oración y estrategias de afrontamiento más saludables—pone en marcha el proceso de sanación en la dirección correcta. La sanación no comienza cuando somos perfectos, sino cuando somos honestos.

La Lucha con el Síndrome del Impostor

He lidiado con el Síndrome del Impostor desde que tengo memoria. Se infiltra en múltiples áreas de mi vida—especialmente en el canto. Pero no se detiene ahí. Afecta mi disposición para ser activa, para asumir retos físicos como correr otro maratón. Sé que puedo hacerlo, y aun así minimizo mis habilidades como si no pudiera. Se filtra en mi trabajo, en mi escritura y en casi todo lo que sé que hago excepcionalmente bien.

Según *Management30.com*, existen cinco tipos de Síndrome del Impostor:

El Perfeccionista – Espera que todo salga perfectamente. Incluso un pequeño error se siente como un fracaso total.

El Superhéroe – Mide el éxito por su capacidad de cumplir múltiples roles. Fallar en alguno de ellos se percibe como un fracaso.

El Experto – Siente la necesidad de saberlo todo. Cualquier vacío en su conocimiento equivale a incompetencia.

El Genio Natural – Espera alcanzar metas altas sin esfuerzo. Las dificultades se sienten como una falla personal.

El Solista – Prefiere hacerlo todo por su cuenta. Pedir ayuda se percibe como una señal de debilidad.

¿El hilo común? El fracaso. O al menos, la percepción del fracaso. Me identifico con tres de estos tipos. Pero mi duda al admitirlo proviene de un miedo profundo— ¿y si alguien usa esto en mi contra? ¿Y si toman mi vulnerabilidad como una oportunidad para juzgarme?

Preguntas para Reflexionar:

1. ¿Luchas con el Síndrome del Impostor?

2. ¿Con cuál o cuáles tipos te identificas?

3. Ahora que lo sabes, ¿qué vas a hacer al respecto?

4. ¿Crees en la terapia? ¿Por qué sí o por qué no?

5. ¿Cuáles son tus detonantes?

Uno de nuestros antiguos líderes de la iglesia—alguien a quien consideraba una figura paterna—falleció en 2023. Él y yo tuvimos innumerables conversaciones sobre la vida, y algo que solía decirme con frecuencia era que yo era perfeccionista. Cada vez que lo decía, yo le lanzaba una mirada de reojo, porque sabía que tenía razón. Al principio, lo tomé como un insulto. Pero al aprender más sobre el término, me di cuenta de que no solo estaba en lo cierto—él se veía reflejado en mí. *El talento reconoce al talento.*

Capítulo Dos

Patrona S.E.X. – ¿A Qué Estoy Contribuyendo?

¿Cómo Estoy Contribuyendo?

Hay cosas peores en la vida que recibir un diagnóstico de cáncer de mama—dos veces. Una de ellas es no abrazar jamás quién eres realmente. Otra, desperdiciar oportunidades, recursos y bendiciones—como gastar $26.2 millones de dólares de una lotería en autos de lujo que nunca manejarás, casas en las que nunca vivirás y ropa que nunca usarás, todo mientras te niegas a dar, a invertir con sabiduría o a dejar un impacto significativo.

Tomemos el diezmo, por ejemplo. Algunos ganadores se estremecen ante la idea de dar el 10% de sus ganancias a una iglesia, creyendo que es demasiado. Pero hagamos cuentas—el 10% de $26.2 millones es $2,620,000 millones. Eso aún deja $24 millones en sus bolsillos. Y aun así, algunos prefieren quedarse con todo, sin considerar las bendiciones que vienen con la generosidad.

Y luego está la irresponsabilidad de ignorar las deudas del pasado. Imagina tener el dinero para pagar cada cuenta con la que alguna vez batallaste—pero en lugar de hacerlo, dejas que se acumulen como si tus cargas financieras hubieran desaparecido mágicamente al ganar la lotería. O peor aún—los que siempre se aseguran de lucir impecables, como si acabaran de salir de una boutique de diseñador, mientras sus hijos parecen abandonados, como si pertenecieran a un comercial de teletón para personas sin hogar.

Todos contribuimos a algo—ya sea bueno o malo, con propósito o con desperdicio. La pregunta es: ¿A qué estás contribuyendo tú? ¿Y cómo? No solo económicamente, sino en cada aspecto de la vida.

No fue sino hasta 1994 que comencé a diezmar regularmente en mi iglesia. Al principio, diezmaba sobre mis ingresos netos—seamos honestos, porque eso significaba dar una cantidad menor. Pero después de sentirme confrontada y darme cuenta de que Dios pudo haber pedido el 20%, tomé la decisión de diezmar sobre mis ingresos brutos, sin importar lo que eso significara.

Si recibía dinero de cumpleaños, diezmaba.

Si ganaba un concurso, diezmaba.

Si estaba en asistencia social o recibía beneficios por desempleo, diezmaba.

Este no es un capítulo sobre el diezmo—es sobre la auto-reflexión. Se trata de preguntarnos: ¿A qué estoy contribuyendo? ¿Y cómo? Una vez escuché a un predicador decir: *"Si quieres saber qué valoras de verdad, revisa tu estado de cuenta bancario."* Puede que eso no sea 100% exacto para todos, pero debería hacerte reflexionar.

Hay una historia poderosa en la Biblia. En Juan 9:1-11 se habla de un hombre que nació ciego. Los discípulos, al ver su condición, le preguntaron a Jesús si su ceguera era resultado de su propio pecado o del pecado de sus padres. Pero Jesús respondió: *"Ni él pecó, ni sus padres; sino para que las obras de Dios se manifiesten en él."*

Se creía que si lograba llegar al estanque de Siloé, sería sanado. Cada día, personas corrían hacia ese estanque y eran milagrosamente restauradas de diversas enfermedades. Sin embargo, este hombre se sentó junto al estanque durante 38 años... y nunca entró.

Esto me hizo preguntarme: "¿De verdad quería cambiar su situación? ¿Realmente deseaba ser sanado?" Me imagino que sí, y sin embargo, la Escritura nunca menciona que haya hecho un esfuerzo por llegar al agua. En cambio, él declara que nadie estaba dispuesto a ayudarlo a llegar allí.

Jesús no solo le dijo que se levantara y se fuera—Él actuó. Escupió en el suelo, mezcló su saliva con la tierra y formó barro. Luego ungió los ojos del ciego con ese barro y le dijo: *"Ve, y lávate en el estanque de Siloé."* El hombre obedeció—y su vista fue restaurada. Esta historia nos recuerda que, a veces, la sanidad no llega de la forma en que la esperamos. Requiere fe, obediencia y disposición para moverse cuando Jesús dice: *"Ve."*

¿Realmente Quieres Ser Sanado?

Treinta y ocho años es mucho tiempo para esperar algo sin hacer el esfuerzo de alcanzarlo. No tengo más detalles sobre la historia de este hombre, pero me deja pensando. Como sobreviviente de cáncer en dos ocasiones, si supiera que mi sanidad está en ese estanque, haría lo que fuera necesario para llegar allí—sin excusas. Entonces, ¿por qué no lo hizo él? Tal vez, en el fondo, no quería ser sanado.

Algunas personas no quieren cambiar porque les resulta más fácil seguir siendo víctimas. Otras desean cambiar, pero no saben cómo lograrlo. Y luego están quienes sí saben lo que deben hacer, pero se niegan a actuar. Algunos anhelan atención. Otros prefieren ser una distracción en lugar de asumir la responsabilidad de su propia sanación.

Cuando se trata de sanidad, a veces lo único que necesitamos es pedirla.

Me hace preguntarme—¿quería Jesús que el hombre dijera: "Quiero ser sanado"? Algunos podrían argumentar: "Bueno, si Él es Jesús, ya lo sabía." Y tendrían razón. Pero pedir es un acto de participación. Es una demostración de fe, no simplemente una espera pasiva.

Antes de que Jesús apareciera, este hombre había pasado años contribuyendo a su propio estancamiento en lugar de a su restauración. La verdad es que cada uno de nosotros tiene algo que necesita ser sanado. Pero la sanidad requiere acción. Requiere que pidamos ayuda—y que participemos en el proceso.

Hubo momentos en los que quise atribuirme el mérito de mi propia sanidad en lugar de darle la gloria a Jesús. Lo hice sobre mí, en lugar de sobre Él. Y al hacerlo, creo que ofendí al Sanador.

El Poder de la Auto-EXaminación

Creo firmemente que las personas aprenden mejor cuando buscan ayuda por sí mismas. El crecimiento, la sanidad y la transformación requieren participación activa. Lo creas o no, hay personas que prefieren verte estancado—enfermo, roto e improductivo. Algunos prosperan manteniendo a otros abajo porque eso los hace sentirse superiores. Por eso la Auto-EXaminación es tan importante. Tómate un momento y hazte estas preguntas:

1. ¿Te identificas con el hombre del estanque? ¿Estás esperando que algo suceda en lugar de hacer un esfuerzo por cambiar?

2. ¿Estás contribuyendo activamente a tu sanidad o estás siendo un obstáculo para ti mismo?

3. ¿Te estás rodeando de las personas equivocadas, alimentando pensamientos negativos o caminando en un propósito que no es el correcto?

4. ¿Tienes una mentalidad de "a mi manera o nada"? ¿Eres del tipo que dice: "Si no se hace como yo digo, entonces no sirve"? Si es así, reconsidera tu forma de actuar. Mejor aún, pídele a alguien en quien confíes que te dé una opinión honesta—como lo hice yo—y escucha lo que te diga.

5. ¿Crees que no necesitas Auto-EXaminación para mejorar? Ya sea que la retroalimentación que recibas sea buena, mala o neutral, acéptala con humildad. Toma lo que necesites para crecer y deja el resto en manos de Dios. Cuando damos el crédito a la fuente equivocada, deshonramos a la fuente suprema: Dios.

6. ¿Qué es lo que realmente quieres que Jesús haga por ti? ¿Acaso ya se lo has pedido?

7. ¿Estás verdaderamente dispuesto a hacer lo necesario para recibir tu sanidad?

8. ¿Cómo vas a participar en tu propia sanación? ¿Por dónde vas a empezar?

9. ¿Estás contribuyendo sin darte cuenta a la disfunción? ¿Eres controlador? ¿Solo quieres a la gente cerca cuando te conviene? ¿Eres egoísta o emocionalmente agotador?

El primer paso hacia la sanidad es reconocer dónde estás parado. ¿El siguiente paso? **Hacer algo al respecto.**

Una Disculpa Honesta y una Confesión Sincera

Permíteme tomar un momento para pedir disculpas a cualquier mujer con la que me haya cruzado y que haya sentido que yo estaba coqueteando con su hombre. Nunca fue mi intención. Verás, yo prospero con la estimulación intelectual proveniente del sexo opuesto. De forma natural, me siento atraída por hombres que me hacen pensar, que desafían mi mente, que despiertan en mí la curiosidad y el deseo de explorar—no a ellos, sino ideas, conocimiento y perspectivas.

Para mí, no se trata de atracción, sino de conexión. También anhelo profundidad intelectual, no una búsqueda romántica. A veces, los libros, las películas, la música e incluso los números pueden satisfacer esa necesidad. Pero nada—y quiero decir *nada*—enciende mi mente como una conversación profunda y provocadora con un hombre que tiene algo significativo que decir. Si nuestra conversación se limita a cuentas, problemas, tus hijos, mis hijos, dificultades financieras o videojuegos, me habré desconectado antes de que pasemos del primer tema. Te quedarás con una versión vacía de mí, lamentando en silencio no haber tomado otro rumbo en ese momento. Y seamos realistas—es un hecho que necesitamos a los hombres. ¡Sí, lo dije! Pero también quiero dejar algo claro: no todo lo que brilla es oro.

Hablemos de la Pelusa Invisible

Mujeres, seamos realistas por un momento. Saben de lo que hablo—la pelusa invisible. Esa excusa conveniente para tocar el saco de un hombre, su cuello, su brazo... todo mientras fingimos que es completamente inocente.
"Ay, déjame quitarte eso."
Excepto que... no hay nada allí.

Ya puedo escuchar sus reacciones. No me ataquen—yo también lo hacía. Pero volvamos a la verdadera pregunta de este capítulo: **¿A qué estás contribuyendo? ¿Y cómo estás contribuyendo?**

Por si no lo he dejado claro, solo he estado caminando en sabiduría durante los últimos 10 a 12 años. ¿Antes de eso? Digamos que estaba aprendiendo—¡y ahora trato de ayudar a alguien más! Ahora, déjenme cambiar de tema por un momento. Tengo una pregunta: **¿Dios dice "Amén"?**

Piénsalo bien. ¿De verdad lo hace? Mi padre solía decir: *"Y así es."* Pero eso no era necesariamente un "sí"; era más bien como decir: *"Así son las cosas."*

¿Pero de verdad lo son? ¿Realmente es lo que es? ¿O es lo que tú quieres que sea porque no quieres admitir lo que en realidad es? Esta frase—*"Es lo que es"*—se usa en exceso. La gente la utiliza para evitar responsabilidades, para echarle la culpa a otros, para huir de la verdad. Pero si te tomas un momento para examinar realmente qué es ese "eso," puede que te des cuenta de que... *es exactamente lo que tú hiciste que fuera.*

Lecciones de Salir con un Fumador y las Fuentes de Noticias de la Infancia

Cuando tenía veintitantos años, salí con un hombre que fumaba. Me gustaba mucho, así que me convencí a mí misma de que eventualmente lograría que dejara de fumar.
Alerta de spoiler: **no funcionó.**
Cuando escribo mi lista de cualidades que quiero en un futuro esposo, "no fumador" es innegociable. Aquí te digo por qué:

1. **Soy sobreviviente de cáncer en dos ocasiones**. El humo y yo no nos llevamos bien—

27

tengo alergias, y me niego a poner en riesgo mi salud.

2. **Besar a un fumador es como besar un cigarro.** El sabor, el olor—simplemente no es para mí.

3. **Fumar no es saludable.** Si fumas, significa que estás tomando una decisión consciente de no cuidar tu cuerpo.

Entiendo que la gente fuma por distintas razones—estrés, ansiedad, depresión, pérdida de peso, o simplemente como mecanismo de defensa. No estoy juzgando; solo estoy compartiendo mis preferencias personales.

Cómo Recibíamos las Noticias Cuando Éramos Niños

En aquellos tiempos, mi versión de las "noticias matutinas" venía del reverso de una caja de cereal durante el desayuno. ¿Reuniones familiares? No teníamos de eso. No nos sentábamos a hablar sobre eventos actuales, guerras, racismo o esclavitud—a menos que nuestros padres decidieran tocar el tema. Aprendíamos escuchando, no preguntando. De vez en cuando teníamos la oportunidad de leer el periódico, pero seamos honestos—no lo hojeábamos buscando noticias del mundo. Íbamos por una sola cosa: las historietas. O como solíamos llamarlas, *"las páginas cómicas."*

Una Dura Verdad Sobre Ayudar a los Demás

Una vez conocí a una mujer—madre soltera con tres hijos, todos menores de diez años. Necesitaba desesperadamente un lugar donde quedarse, y pude ayudarla a conseguir un vale de vivienda de emergencia. Ella lo rechazó porque no le gustaba el vecindario donde estaba ubicado. Ese momento me dejó una lección difícil. Hubo un tiempo en el que hacía todo **lo posible por convencer, animar o incluso** presionar a personas como ella para que aceptaran ayuda—para que eligieran un techo antes que dormir en un carro o en un albergue lleno de gente. Pero ya no lo hago. ¿Por qué? Porque no tiene sentido discutir con alguien que no tiene dinero ni hogar—pero que aun así rechaza la ayuda porque no se ajusta a sus preferencias personales.

También me desconcierta cuando alguien recibe una oferta de dinero o un lugar seguro donde quedarse, pero la rechaza por orgullo, miedo o expectativas poco realistas. Y, sin embargo, he llegado a darme cuenta de que parte de la culpa también es mía. Es mi culpa porque soy parte de una sociedad que ha defraudado a las personas antes. Para esa mujer, probablemente yo representaba a alguien o algo que le recordaba decepciones del pasado—un momento en el que fue herida, manipulada o engañada para confiar en la persona equivocada, solo para que todo saliera mal.

Al mismo tiempo, también era su responsabilidad. En algún momento, todos debemos asumir la responsabilidad de nuestra propia sanación y crecimiento. Ella tuvo la oportunidad de cambiar sus circunstancias. Alguien en quien decía confiar le presentó una solución, y eligió no aceptarla. La sanación, el progreso y la transformación requieren acción. Nadie más puede hacer esa parte por nosotros.

Capítulo Tres

La Charla S.E.X.

Es Mi Culpa y Es Su Culpa

Decir verdades incómodas nunca es fácil, pero es necesario. Aunque la única persona en quien puedas confiar sea Dios—ten esa conversación.

Cuando éramos niños, mis hermanos y yo solíamos caminar a casa después de la escuela. En el camino, había un tramo al que llamábamos "el bosque." No era un bosque en sí, pero bien podría haberlo sido. Árboles enormes se alzaban sobre el sendero, con troncos gruesos y ramas densas que se extendían hacia el cielo y bloqueaban la luz del sol. Aunque el trayecto por el bosque no era largo, siempre se sentía eterno cuando iba sola.

Para distraerme del miedo, cantaba. El sonido de mi propia voz me reconfortaba, era una forma de llenar el silencio. Mientras caminaba, levantaba la cabeza buscando un pedacito de cielo azul entre las copas de los árboles. Si podía ver aunque fuera un pequeño fragmento de azul, me sentía menos sola. Caminar por el bosque ya era lo suficientemente inquietante en un día soleado—imagina lo aterrador que era cuando el cielo estaba nublado o cuando me encontraba allí justo antes del anochecer. Esas caminatas solitarias se convirtieron en algo más que un viaje temeroso de regreso a casa. Se volvieron momentos de oración, reflexión y conversación con Dios.

Un día, mientras caminaba por el bosque, me di cuenta de algo: estaba sola por mis propias decisiones. Me había quedado demasiado tiempo en la escuela, y ahora estaba pagando el precio por eso. Mi madre se preocupaba por nosotras cuando mi hermana y yo teníamos que regresar solas a casa. Era una época en la que los secuestros de niños iban en aumento, y ella vivía con el temor constante de que algo terrible nos pasara.

Salir tarde de la escuela significaba llegar tarde a casa. Y llegar tarde a casa significaba una cosa: Mamá no estaba contenta. Como castigo, no me dejaban ir a casa de mi amiga a pasar el rato. Para algunos eso puede no parecer una verdadera consecuencia, pero para una mariposa social como yo, era una tortura. Incluso si tenía una razón válida para echarle la culpa a otra persona, no importaba. No se me permitía hacerlo. Mi madre se aseguraba de que asumiera mi parte, incluso si, en cierto modo retorcido, eso simplemente significaba aceptar el hecho de que existía.

Asumiendo Mis Decisiones—Incluso las Inmaduras

Puede que pienses que la primera historia fue inmadura, y tendrías razón. Pero yo era inmadura cuando tomé esa decisión. La verdad es que, incluso ahora—más grande y (supuestamente) más sabia— sigo tomando decisiones inmaduras. ¿La diferencia? Ahora las asumo.

He tenido la bendición de contar con hombres y mujeres con experiencia que han derramado sabiduría sobre mi vida desde que tengo memoria. Muchos de ellos me dieron consejos sólidos y prácticos—orientación sencilla que, si la hubiera seguido, me habría ahorrado mucho dolor innecesario. Pero a veces, aprender por las malas es la única manera.

El Incidente del Imán

De niña, tenía la mala costumbre de meter cosas extrañas en la boca y masticarlas. Mi madre me advertía constantemente que no lo hiciera—preocupada de que me atragantara. Cuando tenía unos seis años, salía de la bañera con un pequeño imán en la boca. Tenía forma de cilindro y medía como una pulgada de largo. Lo estaba moviendo en la boca como si fuera un caramelo. Corrí y me lancé sobre una pila de ropa limpia y caliente que estaba en el sofá—recién salida de la secadora. En ese momento, tragué el imán por accidente.

Entré en pánico de inmediato. Me levanté de un salto y corrí hacia mi madre, que estaba en la cocina friendo pollo. Le señalaba desesperadamente la garganta para hacerle saber que me estaba ahogando. En ese entonces, no sabíamos nada sobre la Maniobra de Heimlich. Mi madre hizo lo único que se le ocurrió—me dio varias palmadas en la espalda, con la esperanza de que el imán saliera. Pero no se movía. En lugar de eso, sentía cómo bajaba lentamente por mi garganta, causando dolor e incomodidad.

Me llevó de urgencia a la sala de emergencias, donde me hicieron radiografías. Las imágenes mostraron que el imán había bajado aún más—ahora estaba atascado en mi pecho. Los médicos estaban preocupados, pero nos repetían una y otra vez lo mismo: *"Debería salir solo."* Me mandaron a casa con medicamentos para el dolor y nos dijeron que esperáramos. Eso fue todo. Solo esperar.

Durante varios días, sentí una molestia aguda y no podía dejar de escupir constantemente. Más tarde, los médicos explicaron que el metal en mi cuerpo probablemente estaba provocando la producción excesiva de saliva. Hasta el día de hoy, no tengo idea de cuándo, o si acaso, ese imán salió de mi cuerpo. ¿Pero qué es lo que sí sé? Que mi desobediencia me causó un dolor innecesario. ¿Y lo peor? Le causó miedo a mi madre. Sí, fue mi culpa.

Taylor Swift Tenía Razón—"Soy el Problema, Soy Yo"

Taylor Swift lo dijo mejor en su canción *Anti-Hero*: *"Soy el problema, soy yo."* Al mirar hacia atrás en los últimos diez trabajos que he tenido, noto un patrón: oposición desde el primer día. Cada vez que comenzaba un nuevo puesto, me encontraba con desafíos, resistencia y, en ocasiones, una guerra abierta. Y la mayoría de las veces, el conflicto venía de mujeres—principalmente mujeres de mi misma raza. Algunas eran líderes corporativas, las mismas personas que me habían contratado. Otras eran empleadas que yo tenía la responsabilidad de supervisar.

En un trabajo, me despidieron simplemente por intentar hacer que alguien rindiera cuentas. Quise levantar un informe contra una empleada por repetida insubordinación, pero me advirtieron que hacerlo podría causar un "daño irreversible" y generar un problema mayor. Ese momento me obligó a cuestionar mi propio papel: ¿Cómo puedo ser contratada para un puesto en el que tengo poder, pero no autoridad? Fue frustrante, desalentador y aleccionador. Antes de perder ese trabajo, ya había orado. Le pedí a Dios que me mostrara qué hacer a continuación—que me preparara para mi próxima asignación. Y como siempre, Él respondió.

Armonías Extrañas en el Lugar de Trabajo

Muchos de los empleados en ese antiguo trabajo mostraban comportamientos narcisistas y pasivo-agresivos—dos rasgos en los que he aprendido a no confiar nunca. Más allá de eso, el ambiente laboral en sí tenía un tono inquietante, casi sectario. Todos parecían estar luchando por la atención de "Papi". Las reuniones a menudo se convertían en una competencia, con empleados tratando de superarse entre sí:

"Pues yo hice esto la semana pasada..."
"Yo terminé esto antes de tiempo..."
"Mira todo lo que logré..."

Era una actuación constante, un intento desesperado por brillar más que el otro—un patrón al que me gusta llamar *"Armonías Extrañas."* Como cantante, sé que la disonancia—notas que chocan o no se resuelven—puede ser intencional en la música. Cuando se usa correctamente, aporta profundidad a una canción. Pero cuando una nota equivocada se lanza al azar en un acorde perfectamente estructurado, crea caos en lugar de armonía. Y así exactamente se sentía ese ambiente—un choque constante y estridente en medio de algo que se suponía debía tener sentido.

Reconociendo el Verdadero Problema

Hace no mucho, tuve la oportunidad de ver a una exjefa—la misma que hizo mi tiempo bajo su liderazgo muy difícil. Pero Dios me protegió. En un momento, nuestras miradas se cruzaron, pero ella no me reconoció. Yo, sin embargo, sabía perfectamente quién era. Dios tiene un sentido del humor muy particular. A veces, Él te permite ver a tus enemigos—no solo por verlos, sino para mostrarte las consecuencias de sus propias acciones.

Esa mujer se veía mayor de lo que realmente era—frágil, desgastada. La misma persona que alguna vez estuvo en una posición de autoridad sobre mí, ahora parecía haber sido humillada por la vida. Siempre supe que el género y la raza influían en la manera en que ciertas personas me trataban. Pero ese era su problema, no el mío.

Estas luchas de poder y competencias insignificantes usualmente comenzaban dentro de la primera semana de conocerlas. Así que a menudo me encontraba preguntándole a Dios:
"¿Por qué estoy aquí?"
"¿Qué les pasa a ellos?"
"¿Qué me pasa a mí?"

En busca de sabiduría, recurrí a un amigo de confianza para pedir consejo. Su respuesta me sacudió:
"Tú eres el problema." Me quedé sin palabras.
"¿Disculpa?" le pregunté.

Él explicó: "Eres el problema porque cuando entras en una habitación, traes a Cristo contigo. La gente ve que hay algo diferente en ti—algo que no pueden identificar del todo. Y muchas veces, es algo que no les gusta. Ya se dieron cuenta… tú no eres de las que se dejan." Eso me hizo reflexionar.

Más de una vez, la gente me ha preguntado si serví en el ejército. Tal vez sea por la forma en que camino—erguida, con confianza. Tal vez sea por la forma en que me visto—siempre con ropa formal en el trabajo. Tal vez sea porque intento mantener todo en orden. Demasiado ordenado para algunos, supongo. Mi respuesta siempre fue la misma: "No, no serví en el ejército, pero quise hacerlo. Me visto para el trabajo que quiero, no para el que tengo. Y más que nada, llevo conmigo la disciplina que mi madre y mi abuela me inculcaron."

Esas conversaciones me hicieron cuestionarme. ¿Estaba exigiendo demasiado? ¿Era irrealista mi nivel de disciplina? Un hombre que fue como una figura paterna para mí solía decir: "Será mejor que lo hagas bien, o escucharás a la Sra. Laura." Al principio, me reía cada vez que lo decía. Pero después de reflexionar, entendí la verdad detrás de sus palabras—estaba pidiéndole mucho a personas que no tenían mucho para dar. Uno de mis mentores solía decir: "La gente no sabe lo que no sabe." Y esa es la realidad. No se puede esperar que alguien alcance un estándar que nunca se le ha enseñado.

Divídelo en Sílabas—El Poder de la Fonética y la Persistencia

Cuando era niña, nos enseñaban a leer utilizando la fonética. Cada vez que se me dificultaba una palabra, mis maestras y mi mamá decían: "¡Divídela en sílabas!" Una vez que dominé esa habilidad, no hubo palabra que no pudiera pronunciar o leer. Bueno, alerta de nerd... Con esa nueva confianza, me convertí con orgullo en la primera de mis hermanos en aprender a deletrear una palabra larga: antidisestablishmentarianism. Y solo tenía nueve años.

Si la descompones, la palabra contiene al menos cinco palabras más pequeñas—probablemente más. Pero fue la fonética la que hizo posible enfrentar incluso las palabras más intimidantes, y todavía uso esa estrategia hoy en día. Aquí viene lo sorprendente—no solo aprendí a leer temprano, sino que aprendí a leer con fluidez a los cuatro años. Mi mamá aprovechó eso al máximo. Me ponía a leer todo—etiquetas de cajas, latas, revistas y, por supuesto, la Biblia. Le encantaba escucharme leer, y viéndolo en retrospectiva, era su forma de perfeccionar mi dicción y articulación.

Leía cajas de cereal, señales de tránsito, placas de autos—cualquier cosa que tuviera palabras. Ya fuera en casa, viendo televisión o sentada en el asiento trasero del carro, siempre estaba pronunciando palabras, tanto en mi mente como en voz alta. Nunca me di cuenta de que mi mamá me estaba prestando tanta atención hasta que, un día, me topé con un obstáculo. Nos encontramos con un letrero de calle que me desconcertó: Francisquito.

Con total confianza, lo pronuncié como "Squiddo." Mi mamá me corrigió de inmediato: "La 'Qu' se pronuncia como una 'K.'"

En mi cabeza, me sentí molesta. "Entonces, ¿por qué no lo escribieron con 'Sk' para que personas como yo—que aman leer—no se confundieran?" Pero ese momento me enseñó algo valioso: "La práctica te hace mejor—no perfecta." Porque cuando seguimos intentando, cuando aplicamos esfuerzo con intención, siempre mejoramos.

Tradición, Crecimiento y las Olas que Provocamos

Vengo de una familia tradicional—arraigada en valores tradicionales, reglas de la iglesia y comportamientos que honran a Dios. Y aunque no digo que esas cosas no sean importantes, sí digo que no deberían detenerte en tu camino hacia el progreso.

Una vez escuché a un hombre decir: *"Si seguimos haciendo las cosas como siempre las hemos hecho, morirán."* Y tenía razón. La evolución requiere movimiento. Significa avanzar, abrazar lo nuevo y desprenderse poco a poco de las viejas mentalidades que nos mantienen estancados. Hebreos 11 habla de esto—la fe consiste en avanzar, incluso cuando no ves todo el panorama. Negarse a evolucionar es como decirle a Dios: *"Estoy bien tal como estoy"* ...cuando en realidad no lo estás.

¿Soy Una Persona Accesible?

Siempre me sentí orgullosa de ser alguien con quien se puede hablar fácilmente—alguien con quien puedes tener una conversación real. Pero me he dado cuenta de que algunas personas no saben distinguir entre ser accesible y estar disponible.

Tal vez dudan porque no saben cómo acercarse a mí. Tal vez ya tienen una idea preconcebida de quién soy. Tal vez... simplemente tienen miedo. Permíteme dejar algo claro—siempre he sido accesible. Eso no ha cambiado. ¿Qué ha cambiado? Que ahora soy más reservada. Y eso es diferente.

Provocando Olas Más Grandes

El impacto de mis padres y abuelos todavía resuena en mi vida hoy en día. Las olas que ellos provocaron aún nos siguen moviendo. Así que pregúntate esto:

¿Estás siendo arrastrado por las olas, esperando a que pase la tormenta? ¿O estás dando un paso al frente para provocar olas más grandes—avanzando, negándote a quedarte donde estás, incluso cuando es incómodo? Aferrarse solo para sobrevivir es una cosa. Provocar olas que generen cambio… eso es otra muy distinta.

Lecciones de Liderazgo: Educar, Delegar, Motivar, Terminar

He tenido la fortuna de tener conversaciones valiosas con hombres y mujeres que poseen mucha más sabiduría y experiencia que yo. Una de esas conversaciones se destacó—un encuentro con un desconocido al que le compartí mis luchas. Le conté cómo, una y otra vez, enfrentaba desafíos al asumir nuevos trabajos, ministerios o roles comunitarios. Su respuesta fue simple pero profunda:

"Tienes que categorizar a las personas y las técnicas de liderazgo. Las categorías son:"

1. **Educar** – Si no saben, enséñales. Dales el conocimiento que necesitan para tener éxito.

2. **Delegar** – Una vez que hayan aprendido, asígnales una tarea. Permíteles asumir responsabilidad.

3. **Motivar** – Si comienzan a tener dificultades, anímales. Recuérdales: "Tú puedes hacerlo."

4. **Terminar** – Si ya has educado, delegado y motivado—y aun así se niegan a mejorar o a esforzarse—déjalos ir. Termina el trabajo, la relación o el rol de liderazgo.

Ese consejo cambió mi perspectiva. Desde que lo escuché, lo he convertido en un principio guía en la forma en que me relaciono con las personas. He decidido no titubear, no provocar... sino rehabilitar.

Un Momento de Vulnerabilidad: La Noche en que Dios Me Encontró en Mi Oscuridad

Recuerdo una de las noches más oscuras de mi vida. Fue después del trabajo, en 2018, y me sentía completamente abrumada. Sentía que había estado luchando por tanto tiempo, solo para seguir perdiendo. No quería seguir. No quería seguir sintiendo. No quería morir por mi propia mano—solo quería que Dios me llevara mientras dormía.

Todo era mi culpa—o eso me habían dicho. ¿Y lo peor? Me lo creí. Sentía que no tenía apoyo. Sentía que a Dios no le importaba. O al menos, eso pensaba. Pero Dios.

Entre lágrimas, clamé a Él, rota y agotada—preguntando una y otra vez: ¿por qué? Mi rostro estaba empapado, mi camisa mojada por el torrente de lágrimas y emociones que ya no podía contener. Me acosté, esperando. Esperando quedarme dormida, esperando desaparecer. Y entonces, algo sucedió.

Una luz brillante apareció en mi habitación—tan brillante que casi me cegaba. Me limpié el rostro y me quedé mirando fijamente esa luz. Sabía, sin la menor duda, que Dios había venido a ver por mí. En ese momento, me dio una visión. Salté de la cama, corrí a mi computadora y empecé a escribir. Escribí todo lo que Él me mostró, cada detalle que colocó en mi corazón.

Cuando terminé, tenía ocho páginas de revelación. Ocho páginas de propósito. Ocho páginas de razones para seguir adelante. El Espíritu Santo se convirtió en mi cobertura—mi sábana superior—protegiéndome del áspero manto del enemigo lleno de dudas, miedo y tristeza. Alabé a Dios por la bendición de la vida y por la visión que me salvó. Pero también tuve que enfrentar una verdad difícil. Fue culpa de ellos—por haberse dejado usar por el enemigo para hablar negatividad sobre mí.

Pero también fue mi culpa.

• Mi culpa por creer las mentiras del enemigo.
• Mi culpa por quitarme la sábana superior—por permitir que me expusieran al dolor y al engaño.
• Mi culpa por dejar que otros dictaran mi felicidad en lugar de confiar en Aquel que me la dio desde el principio.

Pero esa noche lo cambió todo, porque cuando estaba en mi punto más bajo, Dios me recordó quién era yo. Y eso fue suficiente para seguir adelante.

Disculpas Condicionales, Narcisismo Conversacional y Saber Cuándo Alejarse

Hubo un tiempo en que algunas de las mismas personas que me ofendieron regresaron a pedirme disculpas. O al menos, eso creían que estaban haciendo. En lugar de comenzar con un "Te pido perdón" o "Me equivoqué", empezaban con un "Si..."

"Si te hice daño... Si te ofendí... Si hice algo mal..." Eso no es una disculpa. Es una declaración condicional.

Una disculpa verdadera no requiere que tú valides su falta antes de que asuman su responsabilidad. No requiere que expliques por qué te dolió, solo para que ellos decidan si realmente hicieron algo mal.

La única vez que el "si" tiene poder es cuando Jesús lo usó en la Escritura:

- *"Si yo fuere levantado..."*

- *"Si mi pueblo, que lleva mi nombre..."*

- *"Si es posible, pase de mí esta copa..."*

Cualquier otro "si"... no es oficial.

Narcisismo Conversacional: El Arte de Hacerlo Todo Sobre Ti

Otra forma en que las personas se convierten en el problema es cuando se adueñan del momento de alguien más y lo convierten en suyo. Eso se llama *narcisismo conversacional*. Aquí tienes un ejemplo:

"Amiga, de verdad estoy pasando por un momento difícil. Necesito oración."
¿Y cuál es su respuesta?
"¡Uy, yo también! La semana pasada revisé mi cuenta bancaria y estoy en ceros. Puedo perder mi trabajo, mi casa, y no sé qué voy a hacer. Mi mamá esto. Mi papá aquello. Mi vecino hizo tal cosa…" Y así sucesivamente.

Y de repente, la conversación nunca regresa a la persona que pidió apoyo al principio. Y luego, al final, lanzan la frase clásica: *"Bueno, te tendré en mis oraciones."*
¿Orarás por qué, exactamente? ¡Si ni siquiera estabas escuchando!

Defendiéndote de Inseguridades que No Son Tuyas

Me cansa tener que defenderme en espacios donde mi lealtad, amistad, dedicación y carácter han quedado demostrados por décadas. ¿Qué es lo que suele pasar? Que las inseguridades de otra persona se apoderan de la situación y, en lugar de enfrentarlas, las proyectan sobre mí. De repente, me culpan por cosas con las que no tuve nada que ver. Y sin darme cuenta, paso demasiado tiempo tratando de convencer a la gente de una verdad que ya deberían saber.

Y como la voz de esa persona tiene peso, termino siendo víctima de un asesinato de carácter. ¿La parte más absurda? No es solo un intento de asesinato. Es una ejecución en toda regla. Relaciones que antes creía firmes y sólidas comienzan a desmoronarse. Personas en las que confiaba empiezan a alejarse—no por algo que yo hice, sino por algo que escucharon. Y eso me hace preguntarme: ¿Realmente eran fuertes y leales esas relaciones desde un principio? Si lo eran,

¿por qué fue tan fácil convencerlas de darme la espalda?

Saber Cuándo Cortar a Alguien

Estaba escuchando un pódcast donde una mujer hablaba sobre sacar a ciertas personas de su vida porque no estaban contribuyendo a su crecimiento ni alineándose con lo que Dios tenía para ella. Su mejor amiga respondió:

"Mi juego de cortar está de regreso. Antes era peor que ahora." Eso me hizo reflexionar—yo soy lo contrario. De niña, mi juego de cortar era pésimo porque quería ser amiga de todo el mundo. Era juguetona, sociable y me llevaba bien con casi cualquiera que conociera. No fue hasta que tuve mi primer trabajo que mi mamá me dijo algo que cambió mi perspectiva: *"No todo el que te sonríe es tu amigo."* Eso sí fue una palabra.

Mientras más envejezco, más valoro mi soledad. Pero esa soledad viene con emociones encontradas. Parte de mí no disfruta salir sola—soy una persona orientada a la gente. ¿La otra parte? No tengo con quién salir. Y luego está la realidad del mundo en el que vivimos. A veces no quiero salir porque hay demasiado pasando—demasiado peligro, demasiada negatividad. ¿Y para ser honesta? No quiero que me secuestren, me salten, me golpeen o me roben.

También tengo problemas de confianza. Los psicólogos lo llaman una *"respuesta al trauma."* Y aunque sé que no es la mejor manera de vivir, es donde estoy ahora mismo. Mi esperanza es poder volver a ser más extrovertida—poder salir de estas paredes con más libertad. Pero también sé… que va a requerir un empujón.

Una Lección en Política Laboral y Traición Profesional

Una vez tuve una supervisora afroamericana a quien admiraba profundamente. Había ascendido rápidamente en su carrera y era muy respetada en su campo. Me impresionaba su éxito y me inspiraba su historia; yo quería seguir sus pasos.

Cuando me contrató, me dijo: *"Este es tu barco. Dirígelo como mejor te parezca."*

Pero lo que realmente quiso decir fue que el barco era suyo—el mío era solo el pequeño remolcador que iba detrás, siendo arrastrado.

Promesas Falsas y Realidad Laboral

Durante las conversaciones de mi entrevista, expresé mi interés en llegar algún día al 'C-Suite' (nivel ejecutivo). Mi supervisora dijo con seguridad: *"Puedo ayudarte con eso."* Parecía que habíamos creado una conexión—como hermanas y colegas. Pero con el tiempo, descubrí que nuestra "conexión" no era más que una ilusión.

Un Comienzo Difícil

Cuando llegué a mi nueva oficina, me recibió mi asistente. Ella también era una mujer afroamericana. Fui la primera en hablar: *"Hola. Soy Laura."* Ella pareció un poco molesta conmigo. Su respuesta a mi presentación fue: *"Ahí está la oficina,"* señalando hacia la derecha, y me entregó un juego de llaves. La oficina estaba completamente desordenada—polvorienta, con olor a encierro, y claramente descuidada desde el cierre por la pandemia del COVID-19. A medida que avanzó la semana, me di cuenta de que la asistente que heredé era perezosa, poco profesional y muy irrespetuosa. Aun así, estaba decidida a hacer que funcionara.

Usábamos mascarillas y apenas interactuábamos, a menos que fuera absolutamente necesario. Nuestras descripciones de trabajo estaban claras, pero cada vez que pedía ayuda mientras me adaptaba a los procesos de la empresa, mi asistente respondía con frases como:

- *"¿Tienes las manos rotas?"*
- *"¿No puedes hacerlo tú misma?"*

Rápidamente me di cuenta de que esto no iba a ser fácil.

Lanzada al Fondo del Abismo

Navegar por dos programas de software nuevos fue todo un reto, y busqué orientación repetidamente de mi supervisora y compañeros de trabajo. Pero el apoyo que recibí fue, en el mejor de los casos, mínimo. La mayoría de las respuestas se reducían a: *"Averígualo tú."*

Esa frase me golpeó fuerte—me recordó una conversación que tuve con mi padre cuando era niña. Le pregunté: *"¿Y si no sé qué hacer?"* y él simplemente respondió: *"Averígualo."* Desesperada por ayuda, me acerqué a colegas que al principio se ofrecieron a apoyarme—pero cuando llegó el momento, su ayuda fue, como mucho, a medias. Después de unos meses, comencé a ver la verdadera cultura de la empresa.

La Cultura Corporativa Tipo "Secta"

Era una empresa pequeña pero con mucho dinero—poseían varios edificios, tenían un equipo de liderazgo muy unido y solo contaban con unos 75 empleados.

Pagaban bien, principalmente porque eran dueños de lo que administraban, lo que les permitía mantener el dinero dentro de la organización. Pero las reuniones de los lunes revelaban una dinámica de poder bastante extraña—los empleados competían constantemente por la atención de "Papi."

◆ Si una persona lograba algo, otra de inmediato intentaba superarla.

◆ No se trataba de trabajo en equipo—se trataba de ganar el favor de los altos mandos.

Era algo muy extraño, pero no iba a renunciar solo por encontrarme con algo de oposición.

Dando la Milla Extra—Solo para Ser Saboteada

Me esforcé por ir más allá de lo esperado.

✓ Mi trayecto era de 30 millas en cada dirección.
✓ Mi turno era de 8 a. m. a 5 p. m., pero llegaba a las 7:15 a. m. y me quedaba hasta las 6 p. m.
✓ Como supervisora junior, tenía salario fijo, lo que significaba que no recibía horas extra—aun así, trabajaba más horas porque había mucho por hacer.

En un momento, mi supervisora me pidió ideas para fortalecer la conexión entre el personal. Con entusiasmo propuse actividades dinámicas de integración, incluyendo:

✓ Juegos en pareja para fomentar la colaboración
✓ Un intercambio de regalos estilo "Elefante Blanco"
✓ Un juego de "¿Quién soy?" usando fotos de bebés y resúmenes de la infancia

A ella le encantaron las ideas—pero cuando nos reunimos con la dirección corporativa, dio un giro total. Me expuso públicamente diciendo: *"Si no es a la manera de Laura, entonces nada."* No solo era completamente falso, sino que fue humillante. También me culpó por la falta de cohesión dentro de mi equipo—a pesar de que aún era nueva en la empresa y seguía en proceso de adaptación.

Un Cambio en el Ambiente

Sin saberlo, cometí un error que selló mi destino. Durante una conferencia corporativa, estábamos hablando sobre aspiraciones futuras. Mi supervisora mencionó su sueño de escribir unas memorias. En un intento inocente por conectar, comenté casualmente: *"He escrito algunos libros—están disponibles en Amazon."* Gran error. En ese momento no me di cuenta, pero después de ese día, su actitud hacia mí cambió.

El Plan Silencioso para Sacarme

Durante los meses siguientes, enfrenté una creciente oposición tanto de mi supervisora como de mi asistente. Una tensión incómoda se instaló entre nosotras, pero no comprendía del todo lo que ocurría tras bambalinas. Mi supervisora estaba tratando de deshacerse de mí de manera estratégica—pero haciéndolo de una forma que pareciera "respetable."

La Traición

Una de las integrantes de mi equipo fue repetidamente insubordinada—tanto en privado como en público. Siguiendo la política de la empresa, informé del problema a mi supervisora, y ella me indicó: *"Hazle un reporte por escrito."* Así que lo hice.

✓ Documenté cuidadosamente una línea de tiempo con cada incidente.

✓ Antes de entregar el reporte, se lo envié por correo electrónico a mi supervisora para su revisión.

✓ Di seguimiento con una llamada telefónica, buscando orientación sobre cómo presentarlo.

Después de leerlo, mi supervisora me dijo que esperara hasta que pudiera discutirlo con sus superiores. Esperé. Dos días después, cuando finalmente logré hablar con ella de nuevo—la que recibió un reporte por escrito… fui yo.

Un Reporte Sorpresivo

No hubo advertencia. Ninguna señal de que había hecho algo mal. Y aun así, ahí estaba yo, recibiendo un informe disciplinario de cuatro páginas.

✓ Incluía puntos con viñetas desde la A hasta la W—una lista interminable de problemas fabricados y preocupaciones exageradas.

✓ Estaba claro—ella había estado construyendo un caso en mi contra desde el principio.

En ese momento, me di cuenta de que todo el sistema estaba manipulado. Mi supervisora nunca tuvo la intención de ser mi mentora ni de ayudarme a ascender. En realidad, estaba protegiendo su propio puesto—y yo, sin saberlo, me había convertido en una amenaza. También descubrí que la razón por la cual mi asistente era tan irrespetuosa conmigo era porque ella quería la promoción antes de que me contrataran. Lamentablemente, antes de que me despidieran, ella fue despedida por falsificar documentos.

Reflexiones Finales

Al mirar atrás, esta experiencia me dejó una lección dura pero valiosa:

✓ No todos los que se parecen a ti velarán por ti.

✓ Algunas personas temen más tu éxito de lo que apoyan tu crecimiento.

✓ Ser competente, segura y ambiciosa te convierte en blanco en ciertos entornos.

✓ Los lugares de trabajo tóxicos se disfrazan como espacios llenos de oportunidades—hasta que te das cuenta de que están diseñados para mantenerte en tu lugar.

Me fui más sabia, más fuerte y con una comprensión renovada de cómo realmente funcionan las políticas laborales. Puede que haya perdido el trabajo, pero gané claridad—y eso no tiene precio.

El Fin de un Matrimonio y el Comienzo de la Claridad

Estuve legalmente casada durante 16 años y 9 meses. Pero en realidad, mi matrimonio terminó a los 15 años y 3 meses—cuando nos separamos. Recuerdo vívidamente la conversación sobre tomarnos un tiempo separados—no como un final, sino como una forma de sanar individualmente y luego volver a reunirnos para recibir consejería. El objetivo era reparar lo que estaba roto, reconstruir y seguir adelante con más fuerza.

Mi esposo reconocía que nuestro matrimonio tenía problemas graves, pero se negó a aceptar una separación. Yo sabía que necesitábamos espacio—una oportunidad para respirar, reflexionar y reiniciar. Pero al final, fui la única que aprovechó esa oportunidad. Durante más de siete años, pasamos por siete pastores y consejeros diferentes, incluyendo al nuestro, sin éxito. Estábamos atrapados en un ciclo sin fin.

"Dios Odia el Divorcio" – Un Versículo Malinterpretado

Cuando sugerí una separación, la respuesta de mi esposo fue instantánea y tajante: *"¡Dios odia el divorcio!"* Estaba citando Malaquías 2:16, que dice: *"Porque Jehová Dios de Israel ha dicho que Él aborrece el divorcio."* Yo había escuchado ese versículo infinidad de veces, y durante años, le tuve miedo. No quería desobedecer a Dios. No quería romperle el corazón. Y, sobre todo, no quería que nuestros cinco hijos sufrieran por una decisión mía.

Pero después de separarme, busqué consejería cristiana con un pastor imparcial—alguien fuera de mi iglesia que pudiera hablar de mi situación de manera objetiva. Ese pastor me explicó el versículo con una perspectiva que nunca antes había escuchado:

"Dios odia el divorcio de la misma manera que odiaría ver que a alguien le decapitan la cabeza."

"No solo es doloroso para la persona involucrada, sino que también crea un desastre para todos los que están a su alrededor."

Dios no quiere que Sus hijos sufran—ni en matrimonios rotos, ni en divorcios amargos.

Una vez que tuve esa imagen en mente, finalmente entendí.

El Momento en que Supe que Había Terminado

Durante el primer mes de la separación, aún creía que podíamos arreglar nuestro matrimonio. Pero en la mañana de mi cumpleaños, solo seis semanas después, supe la verdad: no íbamos a volver.

Aceptar esa realidad fue difícil—no solo por la vida que había conocido, sino por el peso de las apariencias. Ambos éramos líderes en nuestra iglesia, y me angustiaba la idea de que la congregación supiera que estábamos separados. Le pedí a mi esposo si podíamos "mantener la apariencia" hasta que él se sintiera lo suficientemente cómodo como para sentarse en otro lugar del santuario. Él aceptó.

La Confirmación Final

Nuestro pastor aceptó asesorarnos por separado durante seis meses. Al final de ese tiempo, nos reuniríamos nuevamente para reevaluar y decidir si continuar con el matrimonio. Ambos aceptamos el proceso. Pero para cuando pasaron esos seis meses, ya había tomado una decisión.

✓ Yo había hecho el trabajo.

✓ Él no.

✓ Yo había terminado.

Sentada en la oficina de nuestro pastor, tuve un momento de claridad: había estado esperando un cambio, pero nada había cambiado. Poco después, mi esposo eligió un nuevo asiento en el santuario. Y así, de un momento a otro, la actuación terminó. Ya no sentía vergüenza. Ya no me preocupaban las apariencias. Había tomado mi decisión—y estaba en paz con ella. Había hecho mi cama—y estaba lista para acostarme en ella.

Preguntas para Reflexionar

1. La persona con la que estás en acuerdo refleja hacia dónde te estás dirigiendo.

2. Pandillas y payasos. Chismes y calumnias. Tal vez deberías reevaluar por qué estás en ciertas relaciones.

3. ¿La base de esa relación era débil o sólida?

4. ¿Deberías cortar lazos antiguos para establecer conexiones nuevas y más saludables?

5. Cuando estás herido, cansado o en problemas, ¿a qué recurres?

6. ¿Estás aferrado a una relación que ya debería haber terminado?

7. ¿Has tenido el mismo conflicto con un colega y siempre con el mismo resultado?

Las respuestas a estas preguntas te revelarán más de lo que imaginas.

Capítulo Cuatro

Actos S.E.X.

¿Qué Vas a Hacer al Respecto?

Estaba viendo un episodio de *Sweet Magnolias* en Netflix cuando un personaje dijo: *"El dolor inspira muchas decisiones poco saludables."* Esa frase me tocó profundamente.

Nuestra relación con Jesucristo no es un menú a la carta—algo que elegimos según lo que nos conviene. Sin embargo, dentro de la comunidad afroamericana, a menudo nos encontramos luchando con temas que se consideran prohibidos o que solo se mencionan en voz baja.

Conversaciones sobre cirugías estéticas, teñirse el cabello, decisiones alimenticias—comida frita versus veganismo—son asuntos menores comparados con las luchas más profundas: el divorcio y la soltería, la violencia doméstica, el abuso sexual, la violación, la adicción, la salud mental y el estigma que nos silencia. Susurramos nuestros diagnósticos como si decirlos en voz alta les diera poder. A veces, ni siquiera nuestra estilista sabe la batalla que estamos enfrentando. Pero la pregunta sigue siendo—¿qué vamos a hacer al respecto?

Tenía cinco años cuando presencié mi primer acto de violencia. Mi madre estaba persiguiendo a mi hermano por el patio trasero con un cinturón. Ella era casi tan rápida como él. Aunque él corrió más rápido, ella fue más astuta—se detuvo el tiempo justo para cambiar de dirección, rodeó el árbol del patio y le salió al paso. Al final, de todos modos, él recibió su buena paliza.

El segundo acto de violencia que presencié fue cuando tenía nueve años, viviendo en Los Ángeles, en la calle 95 con la Avenida Budlong. Vi a un niño de quinto grado golpear a mi hermana Dee-Dee, justo en nuestro jardín delantero. Grité para que se detuviera. Pedí ayuda, pero nadie vino. ¿Contribuí a eso? Me lo preguntaba. ¿Qué podría haber hecho diferente? ¿Darle con una piedra? ¿Defenderla? Me paralicé. Mis gritos fueron ahogados por el rugido de un helicóptero que sobrevolaba, mientras chicos de la escuela estaban justo afuera de nuestra cerca, mirando. No podían intervenir—aunque mi madre no estuviera en casa, a nadie se le permitía pasar esa reja. Ese niño estaba invadiendo propiedad privada y estaba cometiendo un delito.

Cuando mi madre llegó del trabajo esa noche, estaba furiosa. Al día siguiente, mis hermanos lo encontraron y le devolvieron el favor. Nunca volvió a molestar a mi hermana, y el trauma de lo que presencié se quedó conmigo. Me prometí a mí misma que nunca permitiría que un niño o un hombre me pusiera las manos encima de esa manera. Solo pregúntenle a George de College Park—el chico al que casi ahogué por intentar quitarme la parte de arriba del traje de baño.

Ya de adulta, Dee-Dee se encontró en otra relación—
esta vez con un hombre que fue físicamente abusivo,
incluso mientras ella estaba embarazada de su
segundo hijo. Pero esta vez, no me paralicé. Agarré una
llave de plomero y lo amenacé con romperle el cráneo
si volvía a ponerle una mano encima. Él se fue, y yo
fui directo a ver a mi hermana para asegurarme de que
estuviera bien. Ella me agradeció que estuviera ahí.
Pero más tarde, llamó a nuestra madre para que
viniera a recogerme.

En ese entonces, Dee-Dee no era emocionalmente
fuerte—no solo porque estaba embarazada, sino
porque nadie le había enseñado qué hacer en una
situación como esa. Mi intuición me dice que no era la
primera vez. Su luz era innegable. Su sonrisa podía
iluminar una habitación en cuanto entraba. Era una
nerd orgullosa, profundamente apasionada por el
aprendizaje y con sueños de convertirse en enfermera.
Mientras trabajaba para alcanzar esa meta, también
tenía que mantener a sus dos hijos. Su vida fue
truncada trágicamente—demasiado pronto, según
nuestra medida. Sus hijos tenían solo uno y dos
años—demasiado pequeños para recordarla. Ahora
nos corresponde a mí y a mis hermanos asegurarnos
de que su historia nunca sea olvidada.

Durante años, apagué mi luz para que los demás se
sintieran cómodos. Ya fuera en la iglesia, la escuela, la
comunidad o el trabajo, me encontraba con resistencia
desde el momento en que entraba. Mi confianza era
alta, mi espíritu alegre, y de verdad amaba a la gente—
siempre lo he hecho, incluso desde niña. En aquel
entonces hablaba mucho, y todavía lo hago.

En muchas de mis relaciones, mi personalidad era
vista como "demasiado." Si he tenido diez relaciones a

largo plazo, en nueve de ellas los hombres sentían que debía bajarle el tono. Me decían que sonreía demasiado, que mostraba demasiados dientes, o que mis ojos brillaban un poco más de lo debido.

Me hicieron sentir como si mi luz fuera un problema, así que la apagué. Me hice pequeña para que ellos pudieran brillar. Silencié mi alegría para evitar ser malinterpretada. Jugué en pequeño para esquivar acusaciones de ser "demasiado."

Ahora lo veo con claridad—no era yo. Eran ellos, y sin embargo, de alguna manera, también era yo. Porque lo permití. No solo estaba apagando mi personalidad—estaba apagando mi propósito, mi ministerio, mi llamado. Nunca más.

Escucha esto: me sentía bien conmigo misma, con lo que Dios estaba haciendo en mi vida y con ese gozo profundo que nace desde dentro. Entonces llega alguien y me dice: *"Oye, tu luz es demasiado brillante. Me lastima los ojos."* Y así, de un momento a otro, para mantener la paz y evitar el conflicto, empecé a recortarme—y me refiero a todo. Moderé la forma en que me vestía. Cambié la manera en que hablaba con la gente—especialmente con los hombres. Incluso modifiqué el mensaje de mi buzón de voz, asegurándome de que no fuera demasiado cálido, demasiado acogedor.

Apagué los colores vibrantes que tanto amaba—amarillos, naranjas, verdes, rojos—todo por culpa de relaciones pasadas que me hicieron sentir que yo era "demasiado." Lo que no entendía en ese entonces era que mi luz no era solo mía—venía de Cristo. Irradiaba desde adentro hacia afuera. Y cada vez que apagaba esa luz interior, el resto de mí también se desvanecía.

He llegado a entender que nunca se trató de que yo fuera demasiado—se trataba de que los demás se sentían insuficientes. Una vez, mi sobrino me dijo: *"No apagues tu luz. Diles que se pongan unas gafas de sol."* Así que escúchalo de mí primero—si mi luz es demasiado brillante para ti, o aparta la mirada o ponte unas gafas oscuras, porque nunca más la volveré a apagar.

Un Recuerdo Central

Cuando era más joven, estaba llena de vida—siempre sonriendo, siempre riendo, siempre encontrando alegría en los momentos más simples. Amaba a la gente, amaba conectar, compartir y crear lazos. Pero en algún punto entre ese entonces y ahora, perdí de vista todo eso. Ocurrió poco a poco, casi sin darme cuenta. Entré en una relación en la que las inseguridades de mi pareja se convirtieron en un peso que fue apagando mi luz.

Un simple "buenos días" o "hola"—especialmente si era dirigido a un hombre—se convertía en un problema más tarde, a puerta cerrada. Me acusaba de coquetear. Me preguntaba: *"¿Por qué sonríes tanto? ¿Por qué tu sonrisa es tan brillante? ¿Por qué pareces más feliz cuando hay ciertas personas, pero no cuando estás conmigo?"* Con el tiempo, esas acusaciones me fueron desgastando. Años de andar con cuidado, como sobre cáscaras de huevo, fueron borrando partes de quien yo era.

Y ahora, en mis cincuenta, me doy cuenta de que actúo como si viviera protegida, aislada. No salgo mucho sola. Me he perdido de experiencias, de momentos, de la vida... porque, sin saberlo, cargaba con el peso de ese pasado. Pero aquí viene la parte buena—volví a encontrar mi luz. Durante mucho tiempo, temí que ya fuera demasiado tarde para redescubrirme. Pero poco a poco, lo hice. Volví a encontrar a esa niña—la alegre, la que sonríe y se ríe con cosas tontas, la que disfruta los chistes malos y las películas graciosas. La extrañaba... y creo que ella también me extrañaba a mí.

Dicen que una niña elige a un hombre como su padre. Mi padre biológico apenas estuvo presente. Mientras crecía, lo veía quizá una vez al año. Y cuando llegué a la adultez, nuestras conversaciones estaban llenas de reproches. Él acusaba a mi madre de haberle echado una maldición, la llamaba con nombres horribles y la culpaba de todas sus desgracias. Para mí, eso no era una maldición—era venganza. Y la venganza le pertenece a Dios.

Afortunadamente, tuve algunas figuras paternas positivas—mi tío David, mis pastores y maestros mayores. Pero curiosamente, el que más me marcó fue el que nunca estuvo. Me dijeron que había sido abusivo con mi madre, cruel y despiadado. Tal vez por eso, siendo adolescente y durante mis primeros años como adulta, me sentí atraída por hombres que me maltrataban. Si ese viejo dicho es cierto, entonces supongo que sí, que elegí hombres como mi padre. ¿Y qué tipo de hombre era él? Como metralla humana ardiente—dañando todo lo que tocaba.

Cuando mi madre se casó con Robert T. Johnson en 1997, él me ganó por completo. En la recepción, se levantó y dijo: *"Tus hijos son mis hijos, y tus nietos son mis nietos."* Eso fue todo lo que necesitaba oír. La verdad, es que yo me estaba portando como una tonta justo antes de su boda. ¿Por qué? Porque unos meses antes de su gran día, yo me había comprometido—y de repente, ya no era el centro de atención. Lo sé, vergonzoso. Pero en ese momento, me dejé llevar por mis emociones. Hoy, al recordarlo, me da risa. En ese instante, cuando Robert hizo esa declaración, toda esa pequeñez desapareció. Supe que él sí era de verdad.

Mi Vida, Mi Camino

La autorreflexión ha sido la clave de mi crecimiento y sanidad. He sido testigo de cómo mi propia transformación ha inspirado a otros. También he aprendido que el cambio verdadero no se trata de soluciones rápidas—se trata del proceso a largo plazo. Es un viaje de toda la vida, no un cambio temporal.

La pandemia me obligó a mirarme al espejo con seriedad y hacerme preguntas difíciles. Oré—mucho— pidiéndole a Dios que me revelara en qué áreas necesitaba crecer, dónde debía presentarme de otra manera y cómo debía comportarme. Como alguien que ocupa roles de liderazgo, sabía que tenía que ser honesta conmigo misma. Tenía que evaluar no solo mis acciones, sino también su impacto. Durante ese proceso, elaboré algunas preguntas que me ayudaron a guiarme—quizá también puedan ayudarte a ti:

1. ¿Cómo afecta a los que me rodean el hecho de que siempre esté regañando, gritando o diciendo "porque lo digo yo"?

2. ¿Tengo una comunicación significativa y efectiva con mis amigos, compañeros de trabajo y vecinos?

3. ¿Por qué la gente no acude a mí en busca de guía o apoyo?

4. ¿Por qué sí acuden a mí? El crecimiento requiere tanto reflexión como cambio. Si vamos a evolucionar, debemos hacerlo juntos— honrando tanto sus pensamientos como los míos.

5. ¿Estoy realmente bien con no ser siempre la persona que está al mando?

El crecimiento no se trata solo de mirar hacia adentro—se trata de avanzar con sabiduría, humildad y gracia. Me tomó cerca de un año responder la pregunta número cinco. ¿Y la respuesta? Sí. Si algo positivo está ocurriendo, estoy completamente comprometida—no necesito estar al mando. Ahora, hablemos de construir relaciones.

Durante el último año, tomé la decisión de darme una oportunidad y comenzar a salir con alguien de nuevo. Y así, como si nada, comenzó el primer episodio de mi telenovela personal—con una aplicación de citas. Ya he probado aplicaciones de citas antes, y digamos que me han estafado una o dos veces. El patrón es casi cómicamente predecible:

El hombre siempre es viudo y tiene un hijo—un hijo que o bien es menor de edad o convenientemente está estudiando medicina en el extranjero. Él trabaja en altamar o es algún tipo de ingeniero. ¿Y la conversación? Bueno, siempre comienza más o menos así:

Él: *"¡Hola, hermosa!"*
Yo: *"Hola."*
Él: *"Me encantan tus fotos. Eres una mujer muy bonita."*
Yo: *"Gracias."*

Y luego, como si fuera un guion, empiezan las preguntas: ¿Estás casada? ¿Tienes hijos? ¿Alguna hija? ¿Cuántos? ¿Qué edades tienen? Y el gran final— *"¿Podemos continuar esta conversación fuera de la app? No entro mucho aquí."* Eso es una señal de alerta inmediata. Si no puede dirigirse a mí por mi nombre en lugar de decirme "hermosa," se va directo a la lista de bloqueados.

Unos cuantos deslizamientos más, unas cuantas conversaciones más, y me encontré hablando con hombres entre los 49 y los 62 años. De cinco opciones, cuatro o hablaban demasiado sin decir nada, o buscaban una calentadora de cama (es decir, alguien con quien acostarse de manera casual), o ya habían decidido que estaban hartos de la vida y solo querían "relajarse" después de haber trabajado 36 años en un empleo que les había absorbido la vida. ¿Pero mis favoritos absolutos?

Uno tenía 14 hijos con cinco mujeres diferentes y estaba buscando añadir más a su "legado." El otro era un hombre de muy pocas palabras—excepto cuando se trataba de su interminable lista de problemas médicos. Cada vez que yo le escribía, era algo como:

"¿Podemos hablar mañana? Hoy me está dando guerra la gota." o *"No puedo hablar ahora, me está molestando la ciática."* Y yo pensando: *"Señor. ¡Usted fue el que me escribió a MÍ!"*

Decidí deslizar de nuevo y me encontré con un hombre que parecía una buena opción. Su foto era agradable, su perfil marcaba muchas casillas—trabajaba para el Servicio Postal de los EE. UU., era emprendedor y, lo mejor de todo, vivía cerca. Empezamos a chatear de vez en cuando mientras ambos estábamos en el trabajo. Era veterano, instructor de artes marciales para niños los fines de semana, e incluso chofer privado de algunas personas famosas (y sí, mandó fotos como prueba).

Nuestras conversaciones, al menos desde mi perspectiva, iban bien. Eso fue... hasta que accidentalmente lo confundí con otro chico con el que también había hecho *match*. Y así, de un momento a otro, nunca volvimos a hablar. Ese fue el momento en que decidí no tener múltiples conversaciones a la vez. Desde entonces, me limité a deslizar por una sola persona a la vez y darme unos días para ver a dónde iba la cosa—lección aprendida.

Mi último deslizamiento en la app fue una joyita. Vamos a llamarlo "J". Tenía 52 años, era conductor y vivía cerca. Hablamos durante unas dos semanas antes de decidir conocernos en persona. Como mi hijo mayor y su familia estaban de visita, les conté mis planes. Les dije que me encontraría con "J" en un parque local y que estaría de regreso antes de que oscureciera. Por precaución, le compartí a mi hijo la foto de "J" y mi ubicación antes de salir.

Cuando llegué, J se veía tal como en su foto—un buen comienzo. Nuestra conversación fluyó con facilidad y todo parecía ir bien. A juzgar por la forma en que seguía sonriendo y mirándome, diría que le gustaba lo que veía. Una buena señal... supongo. Cuando el sol empezó a ponerse, mi hijo comenzó a llamarme. Sin querer ser grosera, ignoré el teléfono y seguí charlando.

Cuando finalmente llegué a casa, compartí mi experiencia con mi hijo y mi nuera, pensando que todo había salido bien. Mi hijo, sin embargo, no se lo tomó a broma. Mi nuera sonrió de medio lado y dijo: *"Sra. Laura, él ya venía a buscarla."* Me reí al principio, pero luego me disculpé por no contestar el teléfono. ¿Así se siente tener a un padre cuidándote? En mi época, siempre llegaba a casa a tiempo, así que nunca viví la experiencia de que familiares preocupados me rastrearan. Parece que la vida da vueltas—excepto que ahora, soy yo la que recibe las llamadas de control.

Seguí hablando con J, y durante las semanas siguientes, nuestras interacciones consistieron principalmente en llamadas telefónicas y encuentros en el parque. Con el tiempo, empezamos a hablar de salir en una cita de verdad, a un restaurante. Antes de concretar cualquier plan, decidí llamar a un veterano para pedirle un consejo. ¿Su sabiduría? Directa al grano. Me dijo: *"Todos los hombres son visuales. No tiene nada de malo querer verte sexy y oler bien. Pero cuidado con las banderas amarillas—amarillo significa precaución. Si está en una cita contigo y no puede dejar de mirar a otras mujeres, déjalo. Si no sabe mantener una conversación ni captar tu atención, eso también es una bandera amarilla."* Luego vino el mejor consejo: *"Un hombre siempre se delata... si lo dejas hablar lo suficiente."*

Con eso en mente, J y yo intentamos ponernos de acuerdo sobre a qué restaurante ir. Sorprendentemente, eso se convirtió en un problema. No porque yo fuera exigente, sino porque ya había estado en la mayoría de los lugares que él sugería. No necesariamente con otro hombre, simplemente ya conocía el menú y los precios. Pero pude notar que eso no le agradó a "J". ¿Y qué? No somos adolescentes.

Luego vino la siguiente bandera amarilla. J no paraba de comentar: *"¡Estos precios están muy altos!"* A lo que yo respondía: *"Podemos ir a un lugar que se ajuste más a tu presupuesto. No soy tan exigente."* Mientras seguíamos discutiendo a dónde ir, la conversación tomó otro rumbo. De repente, comenzó a quejarse—de sus cuentas, de que su cheque había llegado corto, de que ya no podía hacer entregas como antes, de que tenía que mudarse de su departamento... y una larga lista de cosas nada atractivas. Y así, la cita que antes esperaba con ilusión empezó a parecer una gran bandera amarilla ondeando justo frente a mí.

Le di un par de semanas más, con la esperanza de que algo cambiara. No cambió. J seguía hablando—principalmente de su situación económica. Y, de la nada, empezó a hablar de matrimonio, de comprar una casa e incluso de irse del estado. Quería que yo vendiera mi casa y usara el dinero para comprar una para los dos. Ah, y realmente no le gustaba que mis hijos tuvieran llaves de mi casa ni que fuéramos tan unidos.

Con todo lo que hablaba, fui descubriendo algunas cosas más—ninguna buena. Resulta que tenía tres hijos con los que no tenía relación. Dijo que habían tenido un "distanciamiento" hacía años, pero admitió que no había hecho ningún esfuerzo por reconectarse con ellos. Además, no tenía vivienda estable y se estaba quedando en sofás de conocidos. En ese punto, las banderas amarillas oficialmente se volvieron rojas.

Luego vino otro momento que selló el asunto. J se enfermó en el trabajo y no pudo hacer su ruta. Queriendo ser amable, le llevé una ginger ale, servilletas y agua. Al principio, estaba agradecido. Pero más tarde, empezó a insinuar que necesitaba ayuda para pagar sus cuentas. Esa fue mi señal para salir por la izquierda. JAMÁS le ofrecí darle ni prestarle dinero. Es un hombre adulto, y un hombre adulto debe hacerse cargo de sus propias responsabilidades.

Ah, espera—se me olvidaba algo. Antes de que J se enfermara, habíamos tenido varias conversaciones sobre la fe. Me dijo que aceptó a Cristo mientras estaba en el ejército, pero curiosamente, no tenía una Biblia. Tal vez notó que yo ya estaba captando ciertas inconsistencias, porque de la nada empezó a preguntarme si quería tener un estudio bíblico privado con él los miércoles—solo los dos. Eso fue un rotundo no. Yo ya estaba en un estudio bíblico los miércoles.

Otra conversación que tuvimos fue sobre mi postura de no "jugar a la casita". J tenía una perspectiva diferente. A menudo preguntaba si quería hacer una "prueba de manejo" sexual para asegurarnos de que todo funcionara. ¿Su razonamiento? *"¿Y si no somos compatibles en la cama? Si nos casamos, no vamos a ser felices."*

¿Mi respuesta? *"Primero que nada, después de cierta edad, sin receta médica, probablemente ni siquiera podrías hacer mucho en ese departamento. Si no podemos ser amigos ahora, ¿cómo vamos a serlo después?"* Y para dejarlo totalmente claro, añadí: *"No hace falta ninguna prueba. La mía funciona perfectamente."*

Dos semanas después, terminé todo. Lamentablemente, fue por teléfono—pero considerando que la mayoría de nuestras conversaciones fueron por ahí de todos modos, me pareció apropiado. Tomé el camino fácil y le dije: *"No eres tú, soy yo."* Colgamos, y solté un suspiro. Una semana después, J me envió un mensaje de texto: *"Solo quería saludarte y saber cómo estás.*

Probablemente no vuelva a escribirte por lo incierto de todo.   Cuídate."
¿Mi respuesta? *"Ok."*

Una última cosa—se me olvidó mencionar que nos besamos una vez. Gran error. Nunca debí haberlo hecho. Mis besos hacen que un hombre se quiera casar. No estoy exagerando.

La pregunta al comienzo de este capítulo dice: "¿Qué vas a hacer al respecto?" Después de este fiasco, mi respuesta fue simple: eliminé todas las aplicaciones de citas y decidí dejar que Dios haga lo que solo Él puede hacer. Si está destinado a ser, tiene que suceder de forma orgánica. Ya había probado al menos cinco aplicaciones de citas diferentes, y todas llevaron al mismo resultado: fruta al alcance de la mano. Suficiente es suficiente.

A medida que se acercaba el nuevo año, mi enfoque se centró por completo en mí. Comía bien, bajé de peso y renové mi guardarropa. Pero lo más importante, era que estaba feliz y en paz—totalmente en paz con Dios y conmigo misma. Si Él decidía que el hombre correcto me encontrara, perfecto. Y si no, también estaba bien. Alguien en *Divorce Court* dijo una vez: *"No puedes culpar a un payaso por ser un payaso. En vez de eso, pregúntate por qué sigues yendo al circo."* Bueno, el circo oficialmente se había ido de la ciudad—también conocido como: eliminé la app. Seguramente, el siguiente tenía que ser mejor... ¿verdad? Y entonces—de la nada—conocí a alguien. No lo estaba esperando. No lo estaba buscando.

Su nombre era Clifford. Alto, guapo, culto, educado y muy ingenioso. Decía ser cristiano, aunque creció asistiendo a una iglesia católica. Comenzamos a hablar de manera constante durante aproximadamente una semana después de conocernos a través de un amigo en común. Nunca se había casado, pero dijo que estuvo cerca. Tampoco tenía hijos—no por circunstancias, sino por decisión. Había decidido hace mucho tiempo que no tendría hijos hasta estar casado. Una postura noble, ¿verdad? También declaró que planeaba mantenerse en celibato hasta el matrimonio—y yo estuve de acuerdo.

Al principio, parecía que marcaba muchas casillas. No fumaba. Era trabajador independiente. Tenía la cabeza bien puesta. Sin revelar demasiado sobre él, diré esto: algunos de mis amigos y familiares lo conocieron, y se llevaron bien. Incluso había estado en mi casa—algo que nunca permito—y ya habíamos salido en dos citas previas. Todo parecía ir en la dirección correcta. *Parecía.*

Después de seis semanas de hablar, Clifford mencionó que le había hablado de mí a un amigo de toda la vida después de nuestras citas—y, al parecer, ese amigo estaba encantado conmigo solo con lo que había escuchado. Eso, en sí, no era gran cosa. Pero lo que sí llamó mi atención fue cuando Clifford mencionó casualmente que, en nuestra primera cita, mientras íbamos en el auto rumbo al lugar, en realidad había llamado a ese amigo para que habláramos. Eso me hizo levantar las antenas. Luego, más adelante en la conversación, soltó esta joya: *"Le dije que no estoy saliendo con nadie. Estoy evaluando a Laura en este momento."* Mi cara se torció al instante.

Si has leído alguno de mis otros libros, ya sabes lo que eso significa. Lo miré y le dije: *"Yo no estoy solicitando un empleo. ¿A quién más estás 'evaluando'? Yo no paso tiempo así con alguien que está en un proceso de entrevistas.*" Ahora bien, siendo justa, él es de Nueva York, y tal vez así se expresa en su vecindario. A él no le gustó mi tono, y a mí no me importó.

El resto del tiempo juntos se sintió incierto. Seguíamos hablando por teléfono, pero nuestras conversaciones se volvieron superficiales. Me sorprendí a mí misma forzando temas solo para mantener el diálogo. Durante una de esas conversaciones—mientras Clifford estaba en mi casa—le pregunté: *"¿Qué crees que se necesita para conquistar y mantener a una mujer como yo?"* ¿Su respuesta? *"¡Necesito subir mi nivel! ¡Tengo que mejorar mi juego!"* Le dije que tenía toda la razón. Y también le dejé claro que no iba a comprometer mis principios.

Físicamente, nuestra relación tenía muy poca intimidad. Nunca nos besamos y apenas nos tomábamos de la mano. En su mayoría, él era un caballero—me abría la puerta, corría la silla, caminaba del lado de la calle, y siempre venía hasta la puerta de mi casa para recogerme. Incluso se aseguraba de que estuviera bien sentada en el auto antes de cerrarme la puerta. A las mujeres nos encanta eso. Pero aquí está el detalle—la caballerosidad por sí sola no es suficiente. Lo que él no estaba haciendo era demostrar que podía aportar más que solo palabras y conversaciones ingeniosas. Y eso era un problema.

Un día, recibí un mensaje de texto de Clifford. Quería llevarme a algún lugar y mostrarme algo. Ya tenía planes con mi familia ese día, pero me aseguró que no llegaría tarde a mi compromiso, así que acepté. Me llevó a una casa en un vecindario muy exclusivo. Confundida, pregunté: *"¿Por qué estamos aquí?"* ¿Su respuesta? *"Quiero construir contigo. Me siento atraído por tu belleza."* No me impresionó en lo absoluto.

Para empezar, la casa costaba casi dos millones de dólares, era pequeña y no valía ese precio. Y mientras estábamos ahí parados, Clifford intentó mostrarme un recibo bancario de un depósito reciente—como si eso fuera a impresionarme. Le hice un gesto con la mano. No necesitaba verlo. Ese dinero podía ser de cualquiera. No me interesaba su saldo bancario. Yo quería saber qué había en su corazón. Y de la nada, me salió con esto:

"¿Podemos hacer una prueba en la cama para ver si somos compatibles?"

¿Estás escuchando la música de fondo del último episodio? Porque yo sí.

A estas alturas, estaba claro—este hombre estaba tratando de impresionarme con:
- Dinero que no tenía
- Una casa que no podía pagar
- Y palabras vacías

¿Y lo más irónico? No tenía ni idea si realmente era millonario o no. Lo que sí sabía era que no tenía nada que lo demostrara. Cuando le pedí ver dónde vivía (ya que alquilaba un cuarto), sacó fotos...De su antiguo departamento. En Nueva York. Sí. Ya te imaginas cómo terminó esto.

Compartí más con Clifford que con cualquiera de los payasos de circo antes que él. Incluso le conté cómo, en 2016, un hombre que realmente creí que sería mi esposo me hizo *ghosting*. ¿La respuesta de Clifford? *"Yo nunca te haría eso, porque sé lo que se siente."* Avancemos al mes tres de nuestra "hablada", evaluación o como lo quieras llamar—y todo se estaba

71

desmoronando rápidamente. Resulta que Clifford también estaba evaluando a otra mujer.

Como he vivido en esta comunidad por mucho tiempo, y la gente sabía que estábamos saliendo, empecé a recibir informes—testimonios de personas que lo habían visto por ahí con otra mujer. Cuando le pregunté al respecto, lo negó todo. Por supuesto que lo hizo. En ese momento, tomé una decisión: salirme del camino de Dios. Desde el principio, había orado pidiendo claridad, pidiendo a Dios que me revelara lo que necesitaba ver sobre Clifford. Pero ahora... me puse insistente. No iba a seguir perdiendo tiempo valioso en algo que no estaba alineado con la voluntad de Dios.

El 5 de abril de 2024 fue la última vez que intercambiamos llamadas o mensajes. Luego, el 8 de abril de 2024, recibí un mensaje—de la otra mujer. No podía localizar a Clifford. No respondía a sus llamadas ni mensajes. Yo fui breve: *"Estoy segura de que está bien. Es un hombre adulto. Ya aparecerá."* Pero ella no se lo creyó. En cambio, me envió fotos de su carro—placa, marca, modelo, y su última ubicación conocida. Y lo único que pensé fue: *Esto es raro. Ni siquiera tengo la información de mis hijos así de detallada.* Me dijo que habían estado juntos la noche del 5 de abril—la misma noche en que Clifford y yo hablamos por última vez—y que él había querido quedarse a dormir de nuevo.

Ahora, admito que mi respuesta fue un poco sarcástica: *"¿Ah, sí? ¿Y exactamente por qué se estaría quedando a dormir?"* Cuando Clifford finalmente apareció, fue directo a donde quería estar—con ella. No estaba enojada—no había invertido mucho en esa relación. Pero sí me sentí decepcionada. Al menos esperaba que fuera lo suficientemente hombre como para decirme que no estaba interesado de esa manera. Como dijo B. Sankey una vez: *"Si no soy una elección, definitivamente no soy una opción."*

Compartí esta experiencia con un amigo, y no se guardó nada. Me dijo: *"Un hombre negro de su edad que nunca se ha casado y no tiene hijos, por lo general, es una de tres cosas: gay, mujeriego o con problemas de salud mental."* También creía que probablemente Clifford no esperaba que yo realmente le gustara—y por eso salió corriendo.

A través de todo ese supuesto proceso de evaluación, aprendí algo crucial sobre Clifford: era un hombre que necesitaba elogios constantes. Vivía del halago, necesitaba que lo aplaudieran, que hablaran bien de él, y que lo amaran hasta la última gota. Ahora bien, eso no me habría molestado—si no fuera porque también buscaba esa validación en otras mujeres.

Pero aquí está el punto: para cuando conocí a Clifford, yo ya había crecido. Ya había sanado. No estaba sedienta. ¿Y Clifford? Él necesitaba una mujer sedienta. Alguien que no solo alimentara su ego, sino también financiara su estilo de vida. Con toda su educación, sus proyecciones, sus conexiones y su intelecto, seguía actuando y viviendo como fruta al alcance de la mano. Y lo más loco de todo: ni siquiera estaba en una app.

Lo Que Decidí Hacer

Oré por él. No solo por Clifford, sino por mí—para que, si alguna vez lo volvía a ver, no sintiera ninguna animosidad hacia él. Recuerdo cuando ansiaba tanto la validación que no recibirla me paralizaba. Sé lo que es desear amor genuino y ser rechazada en mi verdad. Por eso no podía estar enojada. ¿Decepcionada? Sí. ¿Pero amargada? No.

Uno de mis hijos vio a Clifford dos veces y me preguntó si quería que le dijera algo sobre cómo quedaron las cosas entre nosotros. Mi respuesta siempre fue la misma: *"No. No vale la pena."* Me lo he cruzado unas cuantas veces desde entonces, y no nos hablamos. Él no me saluda, y yo tampoco lo saludo. Y siendo honesta, ¿qué podríamos decirnos?

"¡Hey!   ¡Me   dejaste   en   visto!" *"¡Hey! Perdón por estar hablando contigo mientras salía con otra mujer."* No, gracias.

Ya había recibido todo lo que necesitaba para seguir adelante. Y estaba más que satisfecha conmigo misma. De hecho, lo vi como una preparación—si Clifford llegó a conocer a algunos de mis amigos y familiares, entonces seguramente esto solo fue un adelanto del verdadero MVP... el que realmente pertenece aquí.

Lecciones para Recordar Cuando Alguien te Rechaza

No vale la pena terminar en la cárcel.

No es a ti a quien están rechazando—es lo que llevas dentro, lo que ellos no pueden manejar. ¿La mejor forma en que pueden admitirlo? Alejándose como los cobardes que son. No seas una persona amargada. La jueza Lynn Toler dijo una vez: *"La amargura permite que el ofensor te siga lastimando cada día como si fuera la primera vez."*

Sigue el camino de Dios, no el tuyo. Santiago 1:22-24 nos recuerda que quien lee la Escritura pero no sigue el camino de Dios, solo se engaña a sí mismo. Si yo hubiera seguido mi propio camino, mis hijos se habrían involucrado.

Las personas heridas, hieren a otras personas.

Steven Furtick dijo: *"Tal vez tengas que avanzar hacia esta etapa de tu vida sin estar preparada, y tal vez tengas que resolverlo en el camino."* Sigue adelante de todos modos.

"Cuando Dios te muestra algo sobre alguien, no lo ignores. Es la claridad por la que oraste, no confusión." —Faith.Factor.Media

Atracción no significa aprobación de parte de Dios. 2 Corintios 6:14 nos recuerda: *"No os unáis en yugo desigual con los incrédulos; porque ¿qué compañerismo tiene la justicia con la injusticia? ¿Y qué comunión la luz con las tinieblas?"* ¿La conclusión? Nunca debí involucrarme con Clifford, ni siquiera como amiga.

¿Eres arrogante o segura de ti misma? ¿Sabes cuál es la diferencia?

Al comienzo de este capítulo, me pregunté: *¿Qué voy a hacer al respecto?* Oré. Dios me mostró las señales de advertencia—una y otra vez. Pero, como tantas mujeres, las racionalicé… hasta que la basura empezó a apestar tanto que ya no pude ignorarla. Una vez que me di cuenta de qué era lo que apestaba, se acabó. ¿Y adivina qué? Él se fue antes de que yo pudiera hacerlo—lo cual terminó siendo aún mejor para mí.

Capítulo Cinco

Cambio de S.E.X.

Presta atención mientras entras en pánico, o tendrás problemas

Durante la mayor parte de mi vida, pensé que había crecido comiendo con cuchara de plata—porque nunca me faltó nada. Resulta que esa cuchara era de plástico. Pero aun así, nunca me perdí una comida. Gran parte de lo que veíamos en la televisión mientras crecíamos se enfocaba en la condición física—rutinas de ejercicio, planes de dieta y cómo mantenerse en forma. Pero, como mencioné en otro capítulo, rara vez alguien hablaba sobre el mejoramiento personal o la Auto-EXaminación desde adentro hacia afuera. Y si hay algo que he aprendido, es esto: **La vida no es una carrera de velocidad—es un maratón.**

En mi vida, he participado y completado siete maratones de Los Ángeles. Dos de ellos fueron en bicicleta. El recorrido en bicicleta era de 24 millas; el de correr, un agotador trayecto de 26.2 millas. Y déjame decirte algo—todo corredor no profesional dirá lo mismo: son esas últimas 0.2 millas las que te rompen. Por supuesto, correr toma más tiempo, pero andar en bicicleta esa distancia trae sus propios peligros. Al igual que en las carreras, los espectadores se alinean para animar a los ciclistas. La diferencia es esta: en un maratón de carrera, si alguien pisa la parte trasera de tu zapato, puede que se te salga. En un maratón en bicicleta, si alguien roza tu llanta trasera, te vas al suelo—y probablemente te llevas a 20 o más ciclistas contigo. La primera vez que vi a tanta gente estrellarse, quedé traumada. Oré en ese mismo instante: *"Señor, por favor, no permitas que esa sea yo."*

Aprendiendo a Marcar mi Ritmo

Mi primer maratón de carrera fue brutal. Bueno… sinceramente, todos lo fueron. Pero después de los primeros, aprendí algo crucial: **No entres en pánico entre la multitud.**

Imagina esto—la emoción del día antes de la carrera. Ir al Centro de Convenciones de Los Ángeles a recoger mi bolsa de regalos, mi chip de cronometraje y, por supuesto, tomar esas fotos falsas en la línea de meta como si ya hubiera conquistado la carrera. La atmósfera era eléctrica. Estaba emocionada sabiendo que era una de las 40,000 personas inscritas. Y luego estaban los números del dorsal. ¿El mío? En algún lugar entre los diez mil. ¿Los corredores de élite? Sus números eran de uno o dos dígitos. Y seamos honestos—esa colocación del número casi determina dónde vas a terminar… o si vas a terminar.

El Punto de Quiebre

Durante las primeras nueve millas, volaba. Mantenía un ritmo constante de 7 a 10 minutos por milla. Las calles estaban llenas de caras amigables, animándonos a seguir. Había bandas de rock en casi cada cuadra, manteniendo la energía al máximo y haciéndome sentir como si fuera una atleta olímpica. Nadie me advirtió que, eventualmente, la multitud empezaría a desaparecer. Verás, la mitad de esos corredores solo estaban ahí para los 5K o 10K. Eso significaba que nosotros, los locos que íbamos por las 26.2 millas completas, estábamos a punto de enfrentar la parte más dura de la carrera... en soledad. Y entonces sucedió.

Pude sentir mi cuerpo volviéndose pesado. El ácido láctico se instaló en mis muslos como cemento. Y luego, el momento de humildad—hombres mayores, con el doble de mi edad, me pasaban con facilidad. Constantes, fuertes, disciplinados. Mientras tanto, yo estaba luchando. Para la milla 14, me rendí. Decidí detenerme y caminar. Gran error. Mi mente me gritaba que parara, pero mis piernas no estaban de acuerdo. Aún querían correr. Traté de arrancar de nuevo, pero ahora todo mi cuerpo estaba en conflicto consigo mismo. Debí verme ridícula—como si intentara encender una caja de cambios humana. Fue horrible. ¿Y luego? Entré en pánico. Pensé: *"Mi auto está demasiado lejos. ¿Cómo se supone que llegue a casa si me detengo ahora?"* Estaba cansada. Estaba asustada. Me sentía atrapada. Así que hice lo único que sabía hacer: oré. *"Dios, necesito ayuda. No sé si puedo hacerlo. Por favor, envía ayuda ahora."* Y Él lo hizo.

Dios Siempre Envía a Quien Necesitas

Justo cuando estaba a punto de derrumbarme por completo, apareció a mi lado una mujer llamada Gabrielle. Ella también estaba cansada. Comenzamos a hablar—sobre los hijos, la vida, las amistades, y cosas que ahora ni siquiera recuerdo. Pero lo que sí recuerdo es que dijo algo que lo cambió todo: *"Me quedaré contigo hasta el final."* La miré y sonreí. *"Acabo de orar, y Dios respondió."*

Corrimos un poco, caminamos otro poco, y hablamos todo el tiempo. En un momento incluso intentamos caminar rápido—pero eso salió mal de inmediato. Para entonces, ya le decía Gaby. Ella se volvió hacia mí y dijo: *"Vamos a terminar estas últimas dos punto dos millas corriendo."* Asentí. Estaba de acuerdo. Y cuando llegó el momento, trotamos lo mejor que pudimos. ¡Al cruzar la línea de meta juntas, levantamos las manos en señal de victoria! En algún lugar, guardada entre mis cajas, hay una foto de ese momento—un recordatorio de una carrera que casi no termino, y de la desconocida que no me permitió rendirme.

Recibimos nuestras mantas de papel aluminio, nuestros bocadillos de recuperación, nos tomamos fotos con las medallas, intercambiamos correos electrónicos, nos abrazamos y nos despedimos. Estaba tan agradecida con Dios por haberla enviado a mi camino. Ya estaba lista para rendirme. Pero Él escuchó mi clamor. Gaby y yo seguimos en contacto por aproximadamente un mes. Y luego… desapareció. Nunca volví a verla ni a saber de ella. Intenté enviarle un correo una vez, pero rebotó con el mensaje "no entregable". Fue entonces cuando lo comprendí. Dios me había enviado exactamente lo que necesitaba, en el momento preciso en que lo necesitaba. Un ángel, llamado Gabrielle. (Gabriel.)

Algunas preguntas para reflexionar:

1. ¿Eres un apoyo fuerte o un recurso valioso para los demás? Si no, ¿por qué?

2. ¿Puedes guiar a otros en la dirección correcta cuando necesitan orientación?

3. ¿Estás dispuesto(a) a caminar con alguien para asegurar su éxito?

4. ¿Cómo se ve la comunión para ti?

5. Presta mucha atención a las relaciones en las que te involucras y a las personas a las que te apegas. **Pregúntate: ¿por qué?**

Nunca subestimes el poder de la mentalidad de la sábana superior.

Recuerdo haber visto un debate en las redes sociales sobre si la sábana superior de un juego de sábanas era realmente necesaria. Las opiniones estaban divididas 50/50. La gente de la vieja escuela juraba por ella, llamándola una red de seguridad—una barrera entre la cobija y la sábana ajustable. Otros la descartaban como innecesaria, diciendo que solo estorbaba. Pero aquí está el punto: la sábana superior tiene un propósito. Crea una capa protectora entre tú y una manta áspera o una colcha de lana que pica. También ayuda a mantener tu cobija y edredón limpios por más tiempo.

De alguna manera, tener una mentalidad de sábana superior es muy parecido a cómo Dios me envió a Gaby. Evita que te rindas, recordándote que estás protegido(a). Actúa como una barrera—situándose entre tú y aquello que intenta desgastarte. Conozco personas que duermen sobre la sábana superior pero nunca se meten debajo de ella. ¿Su razón? No quieren el esfuerzo adicional de tender la cama por la mañana. Pero si realmente entendieran su propósito... ¡qué diferencia haría!

Aprendiendo a Confiar en la Subida

En 2005, tuve la oportunidad de ser acompañante en un retiro juvenil en las montañas. Uno de los ejercicios de confianza se llamaba Escalar el Muro. En teoría, sonaba sencillo. Estaba asegurada con un arnés, firmemente sujeta a alguien abajo, lo que significaba que no podía caer. Pero saber eso no evitó que estuviera aterrada. Con mucho ánimo, seguí subiendo—más y más alto. Luego, en algún momento, me paralicé. El pánico se apoderó de mí, y me quedé atrapada—con los brazos y piernas extendidos como una silueta de tiza en una escena del crimen. Me sentía atrapada.

Subir más se sentía imposible. Bajar se sentía como una derrota. Mi corazón latía con fuerza. No estaba llorando, pero estuve a punto. Finalmente, el instructor tuvo que subir a rescatarme. ¿Y después de eso? Juré que nunca lo volvería a hacer. Mirando atrás, mi verdadero problema no era el muro—era la confianza. No confiaba en mi instructor. No confiaba en el arnés. Dejé que el miedo me paralizara.

¿No es exactamente así como tratamos a Dios a veces?

Tomamos decisiones grandes y valientes. Empezamos a escalar. Nos decimos: ¡Yo puedo con esto! Pero en algún punto del camino, nos quedamos atascados. Entramos en pánico. Y en lugar de confiar en Él, nos paralizamos.

La escalada del regreso

Más de diez años después, intenté escalar el muro otra vez. ¿Esta vez? Lo logré con todo. Lo subí como Spider-Man. El miedo que antes me detenía había desaparecido. Había madurado, sanado, y finalmente aprendido a confiar. A veces me pregunto si Dios sacude la cabeza cuando nos ve atascarnos y piensa: "No estoy tratando de salvarte de algo que tú mismo no estás dispuesto a enfrentar." Al final, todo lo que tenía que hacer era mantener la calma y confiar.

Preguntas para hacerte a ti mismo:

1. ¿Qué miedo (o miedos) te están deteniendo? ¿Por qué?

2. ¿Es realmente miedo, o simplemente has adoptado una mentalidad temerosa hacia lo nuevo?

3. ¿Qué pasos puedes tomar para comenzar a superarlo?

4. ¿Quién o qué está involucrado en tu próximo movimiento?

5. ¿Tienes un plan o solo estás improvisando?

6. ¿Te sientes estancado?

7. ¿Qué ajustes necesitas hacer para volver al rumbo correcto?

Tómate tu tiempo para responder estas preguntas a tu manera, pero sé honesto contigo mismo. La sanación y el crecimiento reales solo pueden ocurrir cuando estás dispuesto a enfrentar la verdad.

Cuando era más joven y todavía vivía en casa, había cosas que mi madre hacía —o me decía que hiciera— que nunca venían con una explicación. Ahora bien, siendo justos, nos criaron para no preguntar por qué. Pero hubo dos cosas que me desconcertaban tanto que no podía evitarlo. La primera era su costumbre de abrir un cartón de huevos en la tienda antes de comprarlo. Me parecía innecesario, y ella nunca explicaba por qué lo hacía.

La segunda era su insistencia en sacudir las toallas mojadas —o cualquier ropa húmeda— antes de meterlas en la secadora. Nuevamente, sin explicación. Solo hazlo. No fue sino hasta hace poco que finalmente se me encendió el foco con ambas cosas. Con las toallas, se trataba del flujo de aire: sacudirlas permite que el calor circule mejor, asegurando que se sequen de manera uniforme. De lo contrario, se sienten secas por fuera pero aún están húmedas por dentro. ¿Y los huevos? Bueno, estaba revisando si tenían grietas. Simple. Obvio. Pero para mi yo más joven, era solo una de esas cosas de mamá que no tenían sentido en ese momento.

Entonces, en los últimos meses, me cayó otra ficha: fui criada por una mujer de la Generación Silenciosa. Y eso lo explicaba todo. Al mirar atrás, tiene sentido por qué ciertas conversaciones nunca ocurrieron en nuestro hogar. Nunca hablábamos abiertamente sobre sexo, política, dinero, citas, matrimonio, historia afroamericana, el Juneteenth, religión—y mucho más. Mi madre y sus hermanos fueron criados por hombres y mujeres de la Generación Grandiosa, y a su vez, ellos transmitieron ese mismo enfoque silencioso a sus hijos. Así que crecí en un mundo donde preguntar por qué no solo era mal visto—simplemente no se hacía.

Cuando tenía ocho años, mi madre salía con un hombre que era guapo y generoso con su dinero. Parecía realmente interesado en ella, y también era cariñoso con mis hermanos y conmigo. Cuando nos visitaba, a menudo se ponía a trastear con su coche, llamándome para que le buscara cosas al azar—un imperdible, una pluma, una horquilla, un gancho para ropa, o cualquier otro objeto extraño que se le ocurriera. Cada vez que le traía algo, me daba un dólar. A veces, ni siquiera me pedía nada. Solo decía mi nombre, metía la mano en el bolsillo y me daba dinero.

Un día, cuando estábamos solo mi madre y yo, le pregunté por qué hacía eso—por qué me daba dinero aunque yo no se lo pidiera. Su respuesta fue simple: "Nunca cuestiones cuando alguien te da un regalo. Solo recíbelo y sé agradecida." En ese momento, acepté su respuesta. Pero a medida que fui creciendo, empecé a preguntarme de dónde venía esa creencia. Me imagino que fue algo que le dijeron a ella—tal vez sus padres, o tal vez algún hombre que alguna vez tuvo poder sobre ella. Más adelante en la vida, supe que mi madre había estado en un primer matrimonio abusivo. Y al haber sido criada en la Generación Silenciosa, donde las conversaciones difíciles a menudo se evitaban, entendí por qué diría algo así. Sus palabras no solo hablaban de gratitud—hablaban de supervivencia.

Ojalá mi madre y yo hubiéramos hablado sobre sus relaciones abusivas. Tal vez eso me habría evitado meterme en una propia. O al menos, cuando me vi en una, quizá habría hablado en lugar de esconderlo—de ella, de mis seres queridos, de todos los que se preocupaban por mí. Hay algo que decir sobre los hombres y mujeres que crecen presenciando el abuso—ya sea que les ocurra a ellos o a una figura paterna. El daño no desaparece simplemente. Se queda. Nos moldea. Y aunque la sanidad es posible, las cicatrices nunca se borran por completo. A veces, basta con una palabra, una frase, una canción o incluso un aroma—y de repente, estamos de nuevo ahí, en ese momento donde todo comenzó.

Presta Atención y No Entres en Pánico

Cuando tenía nueve años, mi madre nos inscribió en clases de natación. Su razonamiento era simple: "Yo nunca aprendí a nadar, y si alguno de ustedes se cae al agua, no puedo salvarlos." En ese tiempo vivíamos en Los Ángeles, California, y a menudo caminábamos hasta Sportsman Pool en el Centro de Recreación local para nuestras lecciones. Empecé como "guppy," nadando con seguridad en la sección de tres pies de profundidad. Pero al avanzar al siguiente nivel— "goldfish"—significaba entrar (o mejor dicho, nadar) en aguas más profundas: la sección de cinco pies. ¿La prueba? Nadar estilo libre hasta el otro lado de la piscina, y luego nadar de espaldas para regresar.

Al principio, pateaba las piernas y me movía con firmeza en el agua. Pero a mitad de camino de regreso, el cansancio me venció. Dejé de patear y traté de flotar el resto del camino. Funcionó… por un momento. Pero pronto me di cuenta de que había dejado de moverme por completo. ¿Y luego? Simplemente... me rendí. Me dejé hundir. Apenas podía tocar el fondo de la piscina, apoyándome en las puntas de los pies, pero el agua aún me cubría la cabeza. Conteniendo la respiración, pensé: *"¿Así es como voy a morir?"* No sentí miedo en ese momento. Estaba tan en paz bajo el agua. Un salvavidas me sacó, y mi instructora de inmediato me reprendió por detenerme. Me senté en silencio junto a la piscina, demasiado agotada para discutir. Incluso ahora, cuando pienso en ese momento, la única explicación que tengo para haberme detenido es que estaba cansada. Simple, pero profundo. Pero esto es lo que sé ahora: Dios tenía un plan para mi vida.

¿Alguna vez te has preguntado...?

• Dios, no sé cuál es Tu plan, pero estoy cansada.

• ¿Por qué no morí?

• ¿Y si hubiera muerto? ¿Cómo habría afectado a los que me rodean?

Ese día, mi respuesta de lucha o huida estuvo ausente. No elegí ninguna. Simplemente me rendí. Y he aprendido por las malas—personas como yo no tenemos permitido simplemente estar cansadas y rendirnos. Tenemos que seguir adelante—por nosotras mismas y por las personas que dependen de nosotras. Ah, y por cierto... ahora soy una excelente nadadora.

Capítulo Seis

Pausas para Fumar

Alimento para el Pensamiento | Palabras de Ánimo

Cuando era una niña, mi madre fumaba cigarrillos—dentro de la casa, fuera de la casa, dondequiera que lo necesitara. Esto fue mucho antes de que el Cirujano General comenzara a advertir sobre los peligros del humo de segunda mano. Recuerdo haberme despertado en medio de la noche y ver una pequeña luz encendida en una esquina del cuarto. Al principio no pensé mucho en ello. Pero cuando la luz se movió un poco, me di cuenta: era mi madre, cigarrillo en mano, velando por nosotros mientras dormíamos.

Ahora que entiendo lo difícil que fue para ella—una madre soltera de nueve hijos—solo puedo imaginar los pensamientos que cruzaban por su mente en esos momentos de silencio. Tal vez se preocupaba por nuestra seguridad, protegiéndonos del verdadero coco. Tal vez pensaba en dónde íbamos a vivir en los próximos seis meses, sabiendo que quedarse en casa de la abuela ya no era una opción y que nuestra mudanza a Georgia se acercaba. Y tal vez—solo tal vez—aunque tenía un cigarrillo en una mano, sostenía una oración en la otra.

¡Mi abuela era feroz! Nunca aprendió a conducir, pero trabajaba duro, se divertía con intensidad, oraba con fervor—y déjame decirte, también daba unas buenas nalgadas (solo una vez conmigo, pero fue más que suficiente). No toleraba ni un poquito de impertinencia ni contestaciones—especialmente de un niño. Decía lo que pensaba y cumplía lo que decía. Una tarde me dijo que entrara a casa y me bañara antes de que oscureciera. La ignoré. Cuando finalmente entré caminando tranquilamente al cuarto de atrás, ahí estaba ella—esperándome. Antes de que pudiera reaccionar, me agarró. Traté de arrastrarme de rodillas, pero ya me tenía la cabeza atrapada entre sus rodillas ¡y me dio una buena pela! Te juro que vi fuegos artificiales esa noche—y cada uno venía de sus golpes.

Ella no solo disciplinaba—ella imponía. Como aquella vez que le dijo a mi hermano que no tocara la tuba dentro de la casa. Él no hizo caso. Siguió tocándola. Así que un día, mientras él estaba en la escuela, la vi con mis propios ojos levantar la tuba con calma... sacarla al patio... y prenderle fuego. Sí, en serio. Le prendió fuego. Mi hermano tuvo que explicarle al director de la banda lo que había pasado. Pero aquí viene lo mejor—el director ni siquiera discutió. Entendió algo no dicho pero universal: cuando una abuela negra da una orden, se obedece. Si no lo haces, enfrentas las consecuencias.

Mi madre era una mujer poderosa—no en un sentido cruel, sino en uno firme, serio y con actitud de "aquí se hace lo que hay que hacer". No toleraba tonterías de nuestra parte, y definitivamente no creía en eso de "no aplicar la vara". Sin embargo, a pesar de su dureza, nunca nos faltó nada. Estábamos consentidos—no con lujos, pero sí con todo lo necesario y hasta algunos gustos. Vivió en "modo bestia" durante la mayor parte de mi vida, siempre trabajando duro para sacarnos adelante. Al crecer, aprendí que a veces, la vida es cuestión de esperar tu turno. Y ahora que lo pienso, me doy cuenta de que mi madre pasó la mayor parte de sus años poniéndonos a nosotros primero, casi nunca haciendo algo para ella. Como la más joven de nueve hijos, sé que hubo muchas cosas que me perdí. Pero en nuestra casa, los niños no se metían en asuntos de adultos—y lo que no veía, simplemente no me tocaba ver.

Mi padrastro era un soldado gentil—un hombre de fuerza silenciosa y principios inquebrantables. Aunque solo tenía educación hasta octavo grado, era increíblemente inteligente. Tenía una mente aguda, un profundo sentido de disciplina y una sabiduría financiera que muchos con títulos universitarios nunca logran alcanzar. Pagaba todo en efectivo. La única tarjeta de crédito que tenía era estrictamente para emergencias.

Una de sus cosas favoritas era comer conmigo en un restaurante local. Amaba a Dios y estaba profundamente comprometido con organizaciones que elevaban a las comunidades negras. En la iglesia, servía como ujier, y durante más de 65 años fue un miembro fiel del Automobile Club de California. Recuerdo haber visto su tarjeta de membresía y pensar: "¡Caray! Eso es mucho tiempo para ser fiel a algo."

También tenía una manera muy particular de mantener mi gramática en forma. En más de una ocasión, me corrigió. Una vez le pregunté: "¿Dónde estás tú?" Y sin pensarlo, respondió: "Terminar una pregunta con 'tú' es inapropiado. Es una preposición, y no se termina una oración con una preposición." Nada mal para un hombre que dejó la escuela después de la secundaria para salir a conocer el mundo. Desde entonces, he hecho el esfuerzo de corregirme al hablar. ¿Mandar mensajes de texto? Bueno... eso ya es otra historia.

¿Eres de esas personas que odian perderse algo? ¿Alguna vez te has aguantado de ir al baño solo para no perderte ni un segundo de tu programa favorito, aunque realmente lo necesites? Para eso existen los comerciales. Lo mismo pasa con la vida. A veces, estamos tan atrapados en lo que está sucediendo que se nos olvida hacer una pausa, respirar y reflexionar. Estos momentos son tu pausa comercial—tu oportunidad para reiniciarte antes de seguir adelante.

Más alimento para el alma y palabras de aliento:

• No todos van a leer sobre ti, verte o sentir el impacto de tu contribución. Por eso haces lo que puedes hoy y dejas el resto en manos de la historia.

• La fe que se aferra con fuerza es la que te llevará al siguiente nivel. Hazlo con valentía. Hazlo con miedo. Hazlo bien—o mejor no lo hagas. He visto personas hacer cosas solo por causar impacto. Pero, ¿es porque no se sienten valoradas? Tal vez la gente recuerde el acto, pero ¿recordarán su carácter?

• ¿Alguna vez te sorprendiste pensando, "Ojalá Dios siguiera el guion"? ¿Pero qué guion? Él lo escribió, no nosotros. Y si lo hubiéramos escrito nosotros, sería un desastre, sin duda.

• Mi hermana mayor Dee-Dee fue asesinada en 1987. Me tomó casi 30 años perdonar al hombre que le quitó la vida.

• A medida que envejezco, sigo teniendo el mismo fuego—solo que ahora dependo de una fuente de calor diferente.

• No importa cuánto se equivoquen nuestros hijos a nuestros ojos, siempre son redimibles a los ojos de Dios.

• Salud mental = una mentalidad saludable para sanar

• La gente muchas veces tratará de desanimarte—igual que la multitud lo hizo con Bartimeo el ciego. Sigue llamando. Jesús te escucha.

• Disciplinar a un niño con una discapacidad de aprendizaje por usar su propia mente es absurdo. No son rebeldes; están procesando de manera diferente. Guíalos—no los castigues por pensar.

• Toda mi vida he intentado engañar a Dios—¿y sabes qué? No funciona.

• No te sorprendas cuando la gente se aproveche de la gracia extendida.

• Un momento de transparencia: Solía esperar que un hombre viniera a rescatarme—sin darme cuenta de que EL Hombre ya me había salvado. ¿Mi error? Seguí volviendo a situaciones que requerían rescates constantes. No hagas eso.

• Algunas personas solo necesitan admitir que estaban equivocadas y pedir perdón. Ya lo sabemos.

• No estoy buscando a un hombre, pero estoy aceptando solicitudes. No vengas con la frase "Dios me envió" a menos que Él me haya preparado a mí también. Si Dios está detrás de esto, ambos serán enviados, y ambos estarán listos.

• Oprah Winfrey dijo: "A la gente no siempre le caes bien. No siempre se alegran por ti. Y si te rodeas de personas que no están acostumbradas a tu éxito, se asustan porque estás reflejando algo que no reconocen."

• Las generaciones están dispersas porque las almas están rotas y desgastadas—atadas por secretos, mentiras y lazos que deben romperse. La sanidad comienza cuando dejas de perder pedazos de ti misma solo para mantener la paz.

• A veces, estar soltera se siente como ser el platillo en la comida compartida que nadie quiere probar. La gente toma la cuchara, lo huele, hace una mueca y pasa a algo que le resulta familiar—algo que creen que sabrá mejor.

• ¿Sabías que a la mayoría de las personas no les gusta la "rebanada del extremo" del pan? Pero esa pieza protege al resto de ponerse duro. Ay, cuántas veces he sido yo esa rebanada para otros...

• No puedes vivir aislada y esperar que las cosas cambien. La gente nos ayuda a crecer. La gente nos obliga a crecer. Mantente conectada.

• El Pastor Keion Henderson dijo: "Debemos ser estratégicos en cómo nos movemos. La paciencia es una estrategia." Isaías 30: "Los que esperan en el Señor renovarán sus fuerzas."

• Hace dos años, un amigo soltero y yo hicimos un pacto: si ninguno de los dos se casaba en un año, nos casaríamos entre nosotros. Rompió el pacto. Ya está casado. Debí haberlo puesto por escrito... y notariado.

• Los ricos también tienen cucarachas—las elegantes. Esas que esperan a que los invitados se vayan antes de salir. Porque tienen modales.

• Chuck Swindoll dijo: "El contentamiento te impide entrar en competencia."

• Ten cuidado al aceptar consejos de personas que dicen: "Tú deberías... tú necesitas... si yo fuera tú..." a menos que realmente lo hayan hecho ellos mismos.

• Estar en la minoría no te sacude cuando tienes perspectiva y propósito.

• No me cuentes entre los elegidos hasta que llamen mi número.

• No me veo como los demás porque no soy como los demás. Duplicación prohibida.

• ¿Por qué luchar por algo que ya es mío? Porque no me doy cuenta de que es mío.

• ¿Por qué pelear con alguien que se niega a cambiar?

• Las personas débiles necesitan refuerzos—no tienen la fuerza para enfrentarse al enemigo por sí solas.

• Intentarán quitarme mi territorio, pero no lo conseguirán. Mi nombre está sobre él.

• Todo lo que depende de ti, el enemigo lo atacará.

• Algunos hombres miran. Algunos echan un vistazo. Algunos fulminan. Algunos se quedan viendo. Conoce la diferencia.

• Solo necesito 8 minutos.

• "La sangre nos hace parientes. El amor nos hace familia." – Michael Wilson, Jr.

• Tienes que deshacerte de la piel vieja para poder crecer.

• La responsabilidad te hace imparable.

• "Estamos conectados con todo, pero no apegados a nada." – MWJ

• "Cuando damos demasiado, enseñamos a otros a NO amarnos." – Armon Patrick.

Mi nueva palabra es, "Comfortunate" que significa que uno, lamentablemente, se ha conformado.

• Cuando no estás sano por dentro, no puedes reconocer relaciones sanas frente a ti.

• Las expectativas son ultimátums. Los límites son líneas que la gente intentará cruzar. – MWJ

• Detesto los apodos como cariño, amor, cielo y querido. Son palabras que me detonan.

• No apuntes a ser la tercera rueda—apunta a ser un primo segundo. ¿Estás intentando forzar una dinámica de relación que no encaja? Eso no es aconsejable. Sé el primero en decir: "Quiero algo mejor para mí", y luego ve por ello.

Una tercera rueda es útil solo para tres cosas:

✓ Remolques

✓ Triciclos

✓ Disipar discusiones

¿Fuera de eso? Suéltalo.

Capítulo Siete

Un Arrastre Lento

Cosas para Reflexionar | Pensamientos Aleatorios

Nos hemos vuelto descuidados con los sentimientos de los demás, porque no tenemos control sobre los nuestros. Los filtros en los que antes confiábamos están llenos de agujeros, dejando que cualquier cosa se nos escape—sin revisar, sin filtrar, sin protección. Y como resultado, creamos olas de inseguridad, exponemos vulnerabilidades profundas y aplastamos a las mismas personas que decimos querer.

Ganar ya no es suficiente. Ahora perseguimos el título de ganador absoluto—¿pero por qué? ¿Es porque queremos estar por encima de los demás, tan alto que nadie pueda alcanzarnos? ¿Tan alejados que nadie pueda tocarnos? En algún punto, dejamos de preocuparnos—no solo por los demás, sino por nosotros mismos. Y esa desconexión se está propagando como una enfermedad, afectando nuestras comunidades. Está generando una generación atrapada entre el derecho y el vacío—

caminando con una confianza que no se han ganado, llevando una actitud que podría destruirlos. Si no reconocemos el daño, ¿cómo vamos a comenzar a sanar?

Probablemente muchos de ustedes ya han visto la película *Durmiendo con el enemigo*, basada en la novela de Nancy Price publicada en 1987. La historia sigue a una joven esposa atrapada en un matrimonio con un hombre que encarna el abuso narcisista—controlador mental y físicamente, manipulador, que cambia la culpa y desconfía de cualquiera fuera de su relación. La amenaza de matarla si alguna vez intenta irse hace que escapar parezca imposible.

Pero esto es lo que quiero compartir: el enemigo no siempre es una persona. Todos vivimos de acuerdo con un estilo de vida, sistema de creencias o código personal, ya sea que sigamos el cristianismo, otra fe o una filosofía completamente distinta. Muchos caminos religiosos tienen mandatos, rituales y comportamientos que moldean cómo vive la gente. ¿Pero el verdadero enemigo? Es cualquier cosa o persona que busque controlarte, abusar de ti o manipularte. Es el chisme que absorbes durante el día. Es el desplazamiento sin sentido en las redes sociales que llena tu mente justo antes de dormir.

Todo eso—cada palabra tóxica, cada pedazo de negatividad—encuentra descanso en tu mente mientras intentas dormir. Se infiltra en tu subconsciente, retorciéndose en sueños extraños, ansiedades y noches inquietas. Eso es dormir con el enemigo. No lleves esos pensamientos, esas personas ni esa energía a la cama contigo. No dejes que detengan tu crecimiento. No dejes que te controlen. Al final del día, todos tenemos la opción de decidir quién y qué permitimos en nuestro espacio, incluso mientras dormimos.

¿Y qué hay de la pareja en la que uno es demasiado crédulo y vulnerable, mientras el otro es manipulador e inestable emocionalmente? Esa combinación es una bomba de tiempo. Cuando una persona confía demasiado y la otra se alimenta del control, ninguna de las dos puede funcionar de manera sana. La comunicación se deteriora. Los límites se vuelven borrosos. La estabilidad emocional se desmorona. Con el tiempo, la relación se deteriora, dejando a ambas personas rotas—cada una culpando a la otra por la caída. Esta es otra área en la que podemos esforzarnos por lograr un cambio.

Una vida más saludable y equilibrada comienza con decisiones intencionales, incluso algo tan simple como dormir bien. Cuando dormimos bien, despertamos renovados. Cuando despertamos renovados, tenemos un mejor día. Y cuando tenemos un mejor día, somos más productivos, más presentes y tenemos mayor control de nuestras emociones. El efecto dominó es poderoso, pero comienza con pequeños cambios intencionales.

La Iglesia es un Hospital

Cuando era niña, aprendí que la iglesia es un hospital—y que todos nosotros estamos en distintos departamentos, buscando tratamiento para algo. Algunos están en la Sala de Emergencias, en crisis y desesperados por una intervención inmediata. Algunos están en Urgencias, necesitan atención pero aún no han llegado al punto de quiebre. Algunos están en Triaje, tratando de evaluar la gravedad de sus heridas. Algunos están en el área de Salud Mental, librando batallas invisibles. Algunos necesitan resonancias o radiografías, buscando claridad sobre lo que está roto por dentro. Algunos se están desangrando, apenas aferrándose a la vida.

Algunos requieren quimioterapia o radiación, pasando por tratamientos para algo tóxico que lleva años creciendo en su interior. Algunos están perdiendo la vista, incapaces de ver lo que tienen justo frente a ellos. Algunos están luchando por oír, perdiéndose los mensajes que más necesitan. Algunos se aferran a la pared, intentando caminar, tambaleantes pero aún avanzando. Algunos están en el techo, esperando ser evacuados por aire, con la esperanza de un procedimiento milagroso que les salve la vida.

Algunos necesitan un trasplante, un cambio total de corazón. Y luego están aquellos que permanecen en el hospital, no porque quieran sanarse, sino porque no quieren volver a casa y enfrentar lo que los espera allí. Algunos se quedan porque les gusta que los atiendan—apretar un botón y esperar que alguien responda. Pero la sanidad no se trata solo de ser tratado—se trata de elegir recuperarse, de salir del hospital… y de vivir.

Algunas personas tratan a los demás como comida vencida—listas para desecharlos en el momento en que alcanzan su supuesta fecha de "consumo preferente". "Si no eres quien quiero que seas a estas alturas, me voy." O "Si tu comportamiento no cambia para este punto, se acabó." El hecho de que alguien no haya llegado a cierto nivel en un tiempo determinado no significa que no sirva. Simplemente significa que está en proceso—ya no está donde solía estar, pero todavía no ha llegado a donde quiere estar. El crecimiento toma tiempo. El cambio toma tiempo. Y la verdadera transformación no viene con fecha de caducidad.

¿Alguna vez has manejado al trabajo o a un lugar familiar, tomando la misma ruta de siempre? Conoces el camino tan bien que anticipas cada vuelta, cada semáforo—e incluso los baches del pavimento. ¿Qué pasa cuando te preparas para un bache que no sucede? Eso me pasó una mañana camino al trabajo. Me tensé, esperando la caída habitual en el camino—pero cuando no llegó, me descolocó por completo. Sentí el estómago caer de todos modos, y por un segundo, no supe cómo reaccionar. Es curioso cómo algo tan pequeño puede sacudirte—simplemente porque esperabas una cosa y pasó otra.

Cada vez que he hablado en eventos de concientización sobre el cáncer de mama, siempre ha habido una mujer cristiana en la audiencia. No lo veo como una coincidencia—lo veo como una cita divina. Para la mujer que ya es creyente, mis palabras sobre la fe sirven como aliento. Para la mujer que aún no conoce a Cristo, estoy allí para plantar la semilla. Y para la mujer que está tambaleándose—que duda, que busca, que no está segura—quizá yo sea el empujón final que necesita. Dios nos coloca exactamente donde debemos estar, y en esos momentos, sé que estoy caminando en propósito.

Ha habido innumerables ocasiones en las que he retrasado mi propio progreso por ser desobediente. A veces, fue tan simple como entretener conversaciones equivocadas—hablar con personas con las que no tenía nada que hacer, sobre cosas que no tenían valor real y que no contribuían en nada a mi avance personal. Otras veces, se trató de aceptar trabajos que no debía haber aceptado—persiguiendo dinero y títulos en lugar de propósito. En una de esas situaciones, más tarde me di cuenta de que pude haber salido gravemente herida o incluso muerta—una realidad que habría destrozado el corazón de mi madre.

Ha habido momentos en los que tomé decisiones equivocadas por todas las razones "correctas"—decisiones que parecían tener sentido lógico en ese momento, pero que al final me costaron más de lo que imaginaba. Puede que nunca sepa del todo lo que me perdí, pero lo que sí sé es esto: no quiero volver a perderme nada más. Dios me ha permitido vislumbrar algunas de las oportunidades que dejé escapar—algunas de ellas profundamente importantes para mí. Pero al final del día, eso fue responsabilidad mía. Una de las cosas más difíciles que he tenido que hacer fue: perdonarme, seguir adelante y negarme a repetir el mismo error. En la raíz de cada retroceso hay orgullo, culpa y falta de perdón. Ninguno de estos construye, solo destruyen.

A lo largo de mi vida, he sido bendecida con lo que algunos llaman "padres espirituales." Dos de los más influyentes fueron mi tío David Russell y mi ex pastor. Ambos hombres desempeñaron un papel enorme en mi crianza y desarrollo espiritual—guiándome desde la niñez, pasando por la juventud y la adultez joven, hasta llegar a mis años de madurez. Cada vez que cometía un error, no dudaban en señalarlo. Sus palabras eran suficientes para hacerme detener de inmediato. Respetaba su autoridad y su sabiduría.

Hay un recuerdo, en particular, que todavía permanece muy presente hasta el día de hoy. Cuando era niña, solía jugar con la hija de mi ex pastor, y teníamos el mal hábito de correr dentro y fuera de su casa—dando portazos a la puerta mosquitera cada vez. Su esposa nos gritaba que dejáramos de hacerlo, pero como la mayoría de los niños, no hacíamos caso. Seguíamos haciéndolo. Durante treinta minutos seguidos corrimos de un lado a otro—hasta que, de repente, en uno de nuestros viajes por la puerta, nos detuvimos en seco. Allí estaba él, parado, bloqueando la entrada: mi pastor. Todo lo que podía ver era una figura alta, oscura, con botones dorados brillando en su traje de tres piezas, y el destello de sus joyas captando la luz. No necesitábamos un sermón. No necesitábamos una palabra. Simplemente lo supimos. Desde ese momento, nos quedamos afuera el resto del día.

Liderazgo, Aprendizaje y el Poder de la Oración

A principios de mis treinta años, me asignaron otro puesto de liderazgo en mi iglesia—una responsabilidad que no tomé a la ligera. Estoy profundamente agradecida de que mi ex pastor viera algo en mí y confiara lo suficiente como para integrarme a la Junta Administrativa como Fiduciaria. Lo que no comprendía completamente en ese momento era que él tenía altas expectativas para mí—el mismo tipo de expectativas que tenía para sus propios hijos. Mirando hacia atrás, sé que en algún momento, en mis veintitantos, probablemente lo decepcioné. Pero esa decepción no venía desde un lugar de juicio—venía de desear más para mí. Quería que saliera de mi zona de confort, que aspirara a más, que reconociera que era capaz de alcanzar la grandeza en todas las áreas de mi vida.

Tanto él como mi tío David me exigieron un estándar más alto, y por eso, siempre estaré agradecida.

Orar por Tus Hijos No Es Suficiente

Como creyentes en Jesucristo, permanecer de rodillas en oración por nuestros hijos es necesario—pero no es suficiente. Incluso cuando crecen y se convierten en adultos, seguirán cometiendo errores—a veces, incluso más grandes que los que nosotros cometimos. Y aunque la oración es esencial, debe ir acompañada de acción. La oración es un verbo—es una palabra de acción. Cuando estamos de rodillas, orando por nuestros hijos y nietos, pidiéndole a Dios que los proteja, que guíe sus decisiones y que los forme como contribuyentes a la sociedad en lugar de amenazas para ella, es entonces cuando nuestras oraciones se activan. Pero la oración por sí sola no es donde termina nuestra mayordomía.

También debemos ser buenos administradores de lo que Dios nos ha dado—no solo del dinero, sino también de la sabiduría, la experiencia y las herramientas de supervivencia. Si no transmitimos conocimiento, nuestros hijos estarán mal preparados para las batallas que les esperan. Sí, puede que ignoren nuestros consejos, descarten nuestras lecciones o se nieguen a aplicar lo que les enseñamos de inmediato. Pero créeme—nos escuchan. Y cuando se encuentren a solas con sus pensamientos, a solas con sus luchas y a solas ante Dios—todo lo que les hemos sembrado regresará con fuerza. Lo recordarán. Escucharán. Y, con el tiempo, lo comprenderán.

Nota al margen: Jugar a la Iglesia vs. Vivirla

Cuando era niña, solía jugar a la Iglesia—mucho. Fingíamos que el Espíritu Santo nos había tocado. Empezábamos a gritar, a danzar, a desmayarnos y a levantar las manos como habíamos visto hacer a los adultos. Todo era diversión, una imitación inocente de lo que pensábamos que era la fe.

Pero al crecer, Dios permitió que viviera momentos que sacarían esas mismas respuestas—de verdad.

De niña, era enfermiza.

De adolescente, fui acosada.

De joven adulta, fui agredida.

Y ya de adulta, bien adulta, me diagnosticaron cáncer de mama—dos veces.

En cada etapa, en cada prueba, y con cada lágrima, aprendí algo poderoso: Nunca somos demasiado mayores para aprender. Y jamás debemos jugar a la Iglesia.

Conocer Tu Valor y Dejar de Conformarte

Una vez vi una publicación en la página de redes sociales de una mujer cristiana que hablaba sobre relaciones. Ella decía que, al elegir una pareja, debes asegurarte de que esa persona quiera estar contigo porque eres especial, no solo porque estás disponible. La publicación tenía una frase que me sacudió profundamente: "**Deja de subastarte al mejor postor más bajo.**" ¡Uf! Eso me llevó directo al pasado.

Recuerdo cuando era más joven, persiguiendo lo fácil, invitando yo al chico a cenar, haciendo los planes, iniciando las llamadas—solo para no estar sola. Eso no era confianza. Eso no era poder. **Eso era desesperación.** ¡Ay, Dios mío! *¡Dios me ha liberado de eso!*

Sometido a un Estándar Más Alto

A medida que envejecemos y maduramos, sin importar nuestro rol, se nos exige un estándar más alto—no por nuestro género, raza u origen, sino simplemente por quiénes somos. Algunas personas esperan excelencia de mí, pero aun así intentan involucrarme en actividades de bajo nivel o me presionan para que baje mis estándares.

¿Lo más loco? Las mismas personas que me exigen tanto probablemente ven más en mí de lo que yo veo en mí misma. Tal vez por eso siento tanta presión—como si siempre me estuvieran criticando. Es una sensación extraña cuando otros te ven como un 9 en una escala del 1 al 10, pero tú ni siquiera te ves más allá de un 4 o 5. Esa desconexión no surge de la noche a la mañana. Se forma con los años—por traumas pasados, palabras hirientes que nos dijeron, y heridas que nunca sanaron del todo. Esas cosas moldearon mi autoestima en su momento, y algunas aún influyen en cómo me veo hoy. Pero esto sí lo sé: **Dios ve el 10**, y cada día estoy trabajando para verlo también.

Señales, Distracciones y Momentos Divinos

¿Alguna vez has orado en voz alta—pidiéndole a Dios una señal—y luego miraste hacia arriba, a la izquierda, a la derecha, o incluso hacia abajo… y viste un arcoíris? Eso no es una coincidencia. Sí, el enemigo puede oír tus oraciones cuando las dices en voz alta. Pero aquí está el detalle: el enemigo no puede crear arcoíris. Solo Dios puede hacer eso. Así que cuando recibas esa señal, créela, acéptala y sigue adelante con confianza.

Presta Atención—Las Distracciones Pueden Costarte Todo

Deja el teléfono. Levanta la cabeza. Presta atención. Una vez conocí a una chica que bajó de la acera sin mirar. Estaba ocupada mirando su celular. Y en ese momento, perdió la vida.

Las distracciones pueden llevar a la destrucción. Las distracciones pueden llevar a la devastación. Las distracciones pueden llevar a la muerte.

No solo una muerte física, sino la muerte lenta y silenciosa de sueños, visiones y oportunidades—cosas que estaban destinadas para nosotros pero que se perdieron porque no estábamos prestando atención.

Un Recordatorio Divino

Recuerdo cuando me mudé por primera vez al Condado de Orange en California. Un día, afuera de un supermercado, escuché a un joven cantando una canción de adoración. Me sentí atraída por él, así que me acerqué y comenzamos a conversar. Estaba recaudando dinero para un viaje, pero lo que llamó mi atención no fue la colecta, sino la canción. Me era familiar. Antes de darme cuenta, ya estaba cantando la armonía con él. Por un breve y hermoso momento, adoramos juntos—un completo desconocido y yo, cantándole al mismo Dios. Eso no fue casualidad. Fue Dios recordándome que Él también estaba allí.

Pensamientos y Reflexiones Aleatorias

Una Nota Aparte Sobre la Justicia (o la Falta de Ella) ¿Alguna vez has pensado en cómo funcionan las políticas en los pueblos pequeños? Imagina vivir en un lugar con un departamento de policía diminuto—solo 10 oficiales juramentados—y sin embargo, hay 12 meses en el año. Eso significa que alguien va a recibir el reconocimiento de Oficial del Mes dos veces en un solo año. Eso es una falla en el sistema que necesita ser corregida.

El Sacrificio de una Madre y Sus Luchas Silenciosas

Mi madre trabajaba duro—demasiado, en realidad. Sin embargo, a pesar de su agotadora rutina, siempre encontraba tiempo para nosotros. Estuvo presente en nuestras presentaciones de banda, recitales de coro, espectáculos de danza, partidos de fútbol americano y de baloncesto, siempre que podía. Trabajó al menos en dos empleos durante todo el tiempo que la he conocido, haciendo lo que fuera necesario para darnos una vida mejor.

Al mirar atrás, me doy cuenta de algo más: también estaba huyendo. No solo trabajaba duro para proveer, sino que huía de su pasado, de su dolor y del yugo de la violencia doméstica. Huía de hombres controladores—o tal vez de uno en particular. Al mismo tiempo, anhelaba ser amada—*y ser amada bien.*

El Instinto de una Madre y Mi Silencio

Creo que todas las madres—especialmente las madres negras—tienen ese presentimiento cuando algo anda mal con su hijo, o cuando alguien ha lastimado a su hijo. No creo que mi madre supiera que yo estaba siendo abusada, pero sí creo que sospechaba algo. Y aun así, nunca preguntó. Tal vez tenía demasiado miedo de la respuesta. No la culpo. A medida que envejezco, me niego a seguir en silencio. Hago ruido. Aun así, lucho con mis propias inseguridades—el miedo a recibir atención no deseada, la ansiedad de lo que pueda pasar si abro la boca. En esta etapa de mi vida, me estoy obligando a salir de mi zona de confort.

Estoy eligiendo hablar porque mi legado es más grande que yo. Vive en mis hijos, nietos, ahijados, comunidad, amigos y en los hijos de ellos. Permanecer callada sobre lo que es correcto ya no es una opción. Ser tan franca y vulnerable durante los últimos 12 años no ha sido fácil, pero estoy haciendo lo mejor que puedo para iluminar—no necesariamente sobre mí, sino sobre los demás. Este libro no trata de exponer a nadie. Se trata de mostrar cómo jugaron un papel en mi vida, y por eso sus nombres han sido cambiados o eliminados.

Ver, Pero No Ver

Como la menor de nueve hermanos, no creo que me hayan protegido de muchas cosas—simplemente no me interesaba saber lo que pasaba a mi alrededor, mientras no interfiriera con mi mundo:

✓ Mi tiempo de juego afuera

✓ Mi hora de la merienda

✓ Mi siesta

✓ Mi tiempo en la iglesia

✓ Mi tiempo en familia

✓ Mis amigos de la escuela

Creo que mi madre me protegía de forma indirecta—o tal vez simplemente me ocultaba cosas porque yo era la más pequeña, y además, una niña. Eso moldeó la forma en que veo las cosas incluso ahora. Un día, envié un mensaje de texto a algunas amigas cercanas—personas en las que confiaba para que me dijeran la verdad. Una de ellas respondió con algo que me detuvo en seco:

"Pareces ajena a las cosas que suceden a tu alrededor, y eso te hace vulnerable." Nunca lo había visto de esa manera. Pensaba que me estaba protegiendo—eligiendo no reconocer lo obvio para poder tener negación plausible. Así podía decir: "No lo sabía." Así no tendría que lidiar con el peso de la verdad—aun cuando me estuviera mirando directamente a la cara. Profundizaré en eso más adelante.

La Ausencia de un Padre—O Eso Pensaba Yo

Al crecer en un hogar monoparental, nunca sentí realmente que me estaba perdiendo de ser "la niña de papá"—porque tenía a mi pastor y a mi Tío David.

Aun así tenía:

✓ Paseos de pesca

✓ Bailes

✓ Consejos y enseñanzas que muchas niñas reciben de sus padres

No empecé a sentir la ausencia de mi padre hasta que tenía unos 14 o 15 años. Para entonces, mis necesidades habían cambiado. Noté que mi pastor empezaba a invertir más tiempo en sus propias hijas porque estaban creciendo. ¿Y mi tío? Estaba haciendo lo mismo con sus niñas. Aunque ambos hombres todavía hacían tiempo para mí, no eran mi padre—y esa diferencia se volvió evidente. El Tío David siempre nos decía que sentía que éramos como sus hijos. Pero en realidad, no lo era.

La Niña Rebelde que Amaba Jugar

Cuando era niña, me encantaba estar al aire libre. Jugaba con mis hermanos, andaba en bicicleta, patinaba, trepaba cercas, peleaba con niños, jugaba canicas y a las matatenas, y corría por los parques con vestidos perfectamente planchados y listones a juego en el cabello. ¿A la hora del almuerzo? Ese look pulcro ya no existía.

✓ Rodillas raspadas de jugar en la tierra

✓ Cabello despeinado por pelear con un niño que me jaló la coleta

✓ Manos llenas de tiza de dibujar en la acera

Hacía amistades con facilidad—probablemente porque era tan activa y sociable. Pero cuando llegó la pubertad, mi mundo cambió. Todavía amaba los deportes, pero también comencé a ver las cosas de otra manera. Prefería jugar contra niños porque, en ese entonces, las niñas no me desafiaban lo suficiente en la cancha de baloncesto o en el campo de fútbol. Estar con mis hermanos mayores me hizo fuerte. Ellos me decían: *"Si vas a andar con nosotros, no puedes llorar por cualquier cosa."* Así que montaba mi bicicleta con ellos, patinaba con ellos, trepaba cercas de alambre y muros de ladrillo solo para mantener el ritmo. Mi hermano Vincent fue mi mejor amigo durante toda mi infancia y adolescencia. Eso cambió cuando se fue a la universidad. Él encontró nuevos amigos—y yo encontré una nueva mejor amiga en mi prima Dena.

Lecciones, Crecimiento y Reflexiones Finales

¿Una gran ventaja de tener muchos hermanos? Siempre tienes con quién jugar. Solíamos saquear el armario de las toallas, atarnos una alrededor del cuello y fingir que éramos superhéroes. A mi mamá le molestaba—porque arruinábamos muchas toallas sin razón alguna.

Cáncer Espiritual y Heridas de la Iglesia

¿Sabías que muchos de nosotros tenemos cáncer sin diagnosticar? No el tipo que aparece en una tomografía—sino el tipo que se come nuestra alma:

☑ Chismes

☑ Baja autoestima

☑ Celos

☑ Envidia

☑ Amargura

☑ Orgullo

Nosotros somos la iglesia. Así que, todo lo que pasa dentro de nosotros, lo llevamos al edificio físico. Así es como se propaga el dolor. Por eso la mezquindad persiste. Por eso tantos de nosotros estamos atrapados en mentalidades de secundaria, repitiendo las mismas lecciones hasta que finalmente nos graduamos y maduramos.

Reflexiones Finales

1. ¿Estás incomodando a los demás por tu falta de preparación o mal comportamiento?

2. Si sobreviviste a la pandemia del Covid-19, ¿cómo te estás preparando para tu futuro?

3. ¿Eres un participante activo en tu propia sanación y crecimiento?

4. Las personas ricas también tienen cucarachas.

5. Un corazón roto no simplemente se "supera"—debe sanar.

6. No todos vivirán, pero todos morirán.

7. Si vives lo suficiente, la oración de otra persona se convertirá en tu oración.

¿Eres una casa o un hogar? Una casa se puede construir en meses. Un hogar toma toda una vida.

¿Estás listo para mudarte, o necesitas reconstruirte desde los cimientos?

Epílogo: Una Reflexión Final sobre S.E.X.

He estado en la iglesia desde que estaba en el vientre de mi madre. Gran parte de lo que has leído en este libro proviene de escuchar conversaciones de adultos, sermones antiguos y nuevos, y las lecciones de vida que absorbí en el camino. Aquí va una de las cosas más valiosas que he aprendido:

La Introspección Tiene Tres Partes:

1. Mirar dentro de ti mismo con los ojos bien abiertos.

2. Permitir que alguien en quien confíes te diga lo que ve.

3. Pedirle a Dios que te revele lo que Él ve.

Seamos sinceros—no es fácil dejar que otros "te digan tus verdades." Es difícil admitir que algo debe cambiar o que algunas cosas deben quedarse atrás. Pero el crecimiento requiere honestidad. Y la honestidad requiere humildad.

Cambio de Títulos y Etiquetas

Cuando era niña, les decíamos los basureros. Ahora, se les llama "Ingenieros de Eliminación de Residuos".

Las amas de casa y madres que se quedaban en casa eran vistas como roles tradicionales, pero la sociedad cambió, y el título "ama de casa" se transformó en "Ingeniera Doméstica". Irónicamente, con el auge de la televisión de realidad, el término "Housewives" volvió a estar de moda—aunque algunas ni siquiera estén casadas.

Hemos cambiado títulos, etiquetas y términos para adaptarlos a nuevas narrativas. No escuché el término "afroamericano" hasta finales de los años 80 o principios de los 90—antes de eso, simplemente nos llamaban personas negras.

✓ Las personas blancas pasaron a llamarse caucásicas.
✓ A las personas de Corea del Sur, Corea del Norte, Filipinas, Tailandia, China y Japón se les decía "orientales"—ahora son parte de la población asiática.
✓ La palabra "mexicano" se ha usado tanto culturalmente como en forma de insulto, pero hoy se prefieren términos más inclusivos como "comunidades hispanohablantes", "latina" o "latino".

Estos cambios eran necesarios—no solo por corrección política, sino para romper estereotipos, eliminar la negatividad y darle a las personas el respeto que merecen.

Entendiendo el Atractivo del S.E.X.–El Verdadero Significado

Cada capítulo de este libro tenía un subtítulo con una pregunta—preguntas diseñadas para provocar reflexión y pensamiento profundo. Entender el atractivo del S.E.X. significa saber de qué estás hecho:

✓ Tu mente es la que piensa.

✓ Tu voluntad es la que elige.

✓ Tus emociones son las que sienten.

Y ya que dije que hablaríamos sobre el S.E.X., hablemos de eso.

El sexo es un regalo de Dios. Está destinado a compartirse entre un hombre y una mujer dentro de un matrimonio o relación de pacto. Cualquier cosa fuera de eso no está alineada con el diseño de Dios. Listo. De vuelta al S.E.X.

¿Atado a las Cosas Equivocadas?

¿Recuerdas la vieja caricatura "CatDog"? Un gato y un perro unidos por la parte trasera—un solo cuerpo, dos cabezas. En aquel entonces parecía gracioso. Pero ahora, al mirar atrás, veo algo más profundo: era una relación tóxica en su máxima expresión. Ni el gato ni el perro podían separarse. No tenían independencia. No podían funcionar correctamente. Estaban atrapados el uno con el otro, les gustara o no.

Así que déjame preguntarte: ¿a qué estás atado que no te conviene?

La confusión proveniente de múltiples fuentes causa pensamientos dispersos y comportamientos erróneos. No saber quién eres ni qué aportas lleva a la falta de dirección. Y eso conduce a encuentros de una noche que se convierten en largos días de mentirte a ti mismo y a los demás. Dices que cerraste la puerta a esa relación tóxica, pero todavía estás mirando por la ventana.

Pausas para Fumar y Autorreflexión

Cada vez que tomas una pausa para fumar, estás dejando algo y recogiendo otra cosa. Pedazos de ti están esparcidos porque no quieres detenerte y decir: "Yo soy el problema". Mencioné antes que solo he estado usando verdaderamente la sabiduría durante los últimos 10 a 12 años. Eso significa que por mucho tiempo pensé que lo estaba haciendo bien. Pensé que era sabia, pero el crecimiento es un proceso. Y parte de ese proceso es el perdón—hacia los demás y hacia uno mismo.

Hay alguien a quien necesitas pedirle perdón. Hay alguien a quien yo necesito pedirle perdón. Mi oración es que Dios me lo revele antes de morir. Si tu deseo de crecer es genuino, Él te lo revelará a ti también. ¿Y cuando lo haga? **Debes ser obediente y cumplir—sin importar cuán difícil sea.**

Reflexiones Finales: ¿Eres la Casa o el Hogar?

Construir una casa toma de nueve a doce meses. Construir un hogar toma toda una vida. Algunas casas necesitan que se les agregue una habitación extra para acomodar el crecimiento. Otras necesitan una reconstrucción completa de sus cimientos. ¿Estás listo(a) para habitar? ¿O necesitas ser derribado(a) hasta los cimientos y reconstruido(a) correctamente?

Palabras Finales: Ponte Bien, Prepárate

Mis conexiones del pasado y distracciones antiguas me impidieron enfocarme en mi propósito. A eso se le llama **obstáculos históricos**. Todas las relaciones tienen un propósito, pero si no identificas cuál es, esa relación puede volverse pervertida y poco saludable. Algunas personas están compitiendo contigo en secreto: tu pareja, tu amigo(a), tu jefe(a), tus hijos, incluso tus hermanos. A esas personas necesitas decirles:
"Ya estoy peleando con el diablo. No tengo tiempo para pelear contigo también."

Relaciones Divinas por Encima de Lazos Tóxicos

✓ Mujeres, necesitan un lazo del alma como el de *Rut y Noemí*—uno puro, fuerte y sin contaminación de celos.

✓ Hombres, necesitan un lazo del alma como el de *Pablo y Silas*—donde el hierro afila al hierro, y la responsabilidad mutua es bienvenida.

El dolor causado por la iglesia es real, y duele profundamente. Pero en algún momento, debes dejar de culpar al dolor y empezar a **sanar de él**.

✓ "Me equivoqué."

✓ "Es mi culpa."

✓ "Es su culpa."

✓ "Lo siento."

✓ "Entré en pánico."

✓ "Quiero contribuir a mi sanación y hacerlo mejor."

Si no haces esto, el daño solo durará más tiempo.

Estrés Emocional y Soltar

✓ Levanta la mano si alguna vez has lidiado con el estrés emocional.

✓ Di "Sí" si conoces a personas que **nunca alcanzarán metas de relación**—no solo las que publican en redes sociales, sino las que verdaderamente importan.

¿Quieres disfunción o paz? **Dios tiene algo mejor para ti.** Una vez que te pongas bien con Dios, te pondrás bien contigo mismo(a), y entonces verás claramente. Suelta a los "cabeza dura"—hombres y mujeres.

Deja de enamorarte de las personas equivocadas.

Prepárate para lo Que Viene

✓ Examina tus acuerdos.

✓ Examina tus amistades.

✓ Examina tus alianzas.

Sé honesto(a) sobre quién eres y dónde estás. No será fácil, pero sí necesario. Ora. Busca sabiduría. Avanza. Y recuerda esto:

Nunca puedes tener demasiado S.E.X.
(Autoexamen espiritual).

Acerca de la Autora

Laura A. Franklin es, ante todo, una mujer cristiana—no perfecta, pero perdonada. Es la orgullosa madre de cinco hijos adultos increíbles y la abuela dedicada de cuatro nietos extraordinarios. También comparte su corazón y su hogar con dos adorados perros rescatados: 9ine, un Terrier lleno de energía, y Smoke, un perro leal cruce de Labrador y Pitbull.

Comprometida profundamente con su comunidad, Laura ha servido como la única Comisionada de Vivienda en su ciudad durante tres años, abogando por la inclusión, la diversidad en el liderazgo y la equidad para todos.

Posee:

✓ Un título de Asociado en Artes en Estudios Liberales
✓ Un título de Asociado en Ciencias en Estudios del Comportamiento
✓ Un título de Licenciatura en Ciencias en Gestión de Servicios Humanos

Además, es una Coach Profesional de Vida Certificada y una Coach de Vida Certificada en Terapia Cognitivo-Conductual, lo que la capacita para guiar a las personas en su crecimiento personal y espiritual.

Capacitación Profesional y Defensa

Laura ha recibido formación en capellanía por parte de la Universidad de Maryland, preparándola para asistir en:

✓ Notificación de fallecimientos

✓ Prevención del suicidio

✓ Defensa en casos de violencia doméstica

También se ha capacitado con la Asociación Bautista del Sur de California, especializándose en:

✓ Asistencia en casos de desastres

✓ Limpieza tras desastres

✓ Esfuerzos de recuperación ante desastres

Sus pasiones incluyen la educación, mentoría a jóvenes y adultos jóvenes, voluntariado en grupos de liderazgo de ministerios para mujeres, concienciación sobre la salud mental y el desarrollo de herramientas efectivas para asistir a niños dentro del Espectro Autista.

Obras Publicadas

Laura es autora de varios libros, entre ellos:

The Preacher and the Princess (2015)
I Stuff My Bra...So What? "A Beauty for Ashes Journey" (2020)

Richard A. Reid: The Man, The Music, and His Ministry (2022)

Más allá de sus propias publicaciones, Laura también ha trabajado como escritora fantasma en múltiples géneros, dando vida a las historias de otros autores.

Música y Composición

En 2004, Laura escribió su primera canción, *"You Can Use Me"* (*Puedes Usarme*), la cual aparece en su libro *Me Relleno el Brasier... ¿Y Qué?*. La canción tiene un registro oficial de derechos de autor en la Biblioteca del Congreso de los Estados Unidos.

Otras canciones en su catálogo incluyen:

🎶 *"Please Come Home"* (*Por Favor, Vuelve a Casa*)
🎶 *"Welcome"* (*Bienvenido*)

Cada una de estas canciones ha sido interpretada en su iglesia local, consolidando aún más su pasión por la fe, la adoración y el arte de contar historias.

Laura A. Franklin es una mujer de fe, fortaleza y propósito—comprometida a empoderar a los demás, abogar por su comunidad y usar su voz para inspirar un cambio duradero.

Devocional de 21 Días: AutoEXamen y Crecimiento

Este devocional está diseñado para provocar una reflexión profunda e inspirar a la acción. Tómate tiempo cada día para orar, escribir en tu diario y establecer metas basadas en tus revelaciones. ¿Estás lista para una transformación?

Día 1: Rompiendo con Creencias Antiguas

Escritura: Romanos 12:2 (NVI) – "No se amolden al mundo actual, sino sean transformados mediante la renovación de su mente. Así podrán comprobar cuál es la voluntad de Dios, buena, agradable y perfecta."

Reflexión: ¿Cuál es una creencia que has tenido sobre ti misma durante años y que quizás ya no sea cierta? ¿Cómo ha influido esta creencia en tus decisiones? ¿Es tiempo de soltarla o redefinirla? Escribe una creencia antigua y reemplázala con una nueva verdad afirmada por Dios.

Día 2: Reconociendo los Desafíos Recurrentes

Escritura: Proverbios 26:11 (NVI) – "Como perro que vuelve a su vómito, así es el necio repite su necedad."

Reflexión: ¿Qué desafío recurrente sigue apareciendo en tu vida? ¿Qué papel juegas tú en ello? ¿Es un patrón causado por experiencias pasadas, miedos o hábitos que necesitas romper? Identifica un desafío que se repite, ora por sabiduría y comprométete a hacer un cambio esta semana.

_____

_____

_____

_____

_____

_____

_____

_____

_____

Día 3: Encontrándote con tu Yo del Pasado

Escritura: Filipenses 1:6 (NVI) – "Estoy convencido de esto: el que comenzó tan buena obra en ustedes la irá perfeccionando hasta el día de Cristo Jesús."

Reflexión: Si la versión de ti de hace cinco años te conociera hoy, ¿qué admiraría más? ¿Sobre qué te advertiría? Escribe un área en la que hayas crecido y otra que aún necesita trabajo. Establece una meta para trabajar en esta última.

_____

_____

_____

_____

_____

_____

_____

_____

_____

_____

_____

_____

_____

Día 4: Enfrentando lo que Evitas

Escritura: 2 Timoteo 1:7 (NVI) – "Pues Dios no nos ha dado un espíritu de timidez, sino de poder, de amor y de dominio propio."

Reflexión: ¿Qué es eso que has estado evitando y que, si lo enfrentas, podría liberarte emocional o mentalmente? ¿Qué te impide hacerlo? Da hoy un pequeño paso hacia enfrentar ese asunto.

_____

_____

_____

_____

_____

Día 5: Evaluando tus Relaciones

Escritura: 1 Corintios 15:33 (NVI) – "No se dejen engañar: 'Las malas compañías corrompen las buenas costumbres.'"

Reflexión: ¿Quién en tu vida drena tu energía y quién la alimenta? ¿Estás invirtiendo demasiado en relaciones que te agotan en lugar de aquellas que te fortalecen? Identifica una relación que te drena y una que te da vida. Ajusta tu tiempo y atención en consecuencia.

_____

_____

_____

_____

Día 6: Superando el Miedo

Escritura: Josué 1:9 (NVI) – "¿No te lo he ordenado yo? ¡Sé fuerte y valiente! ¡No tengas miedo ni te desanimes! Porque el Señor tu Dios te acompañará dondequiera que vayas."

Reflexión: Si el miedo no fuera un factor, ¿qué decisión tomarías hoy para cambiar tu vida? Da hoy un paso concreto hacia esa decisión.

_____

_____

_____

_____

_____

_____

_____

_____

_____

_____

_____

_____

Día 7: Aprendiendo las Lecciones de la Vida

Escritura: Santiago 1:5 (NVI) – "Si a alguno de ustedes le falta sabiduría, pídasela a Dios, y él se la dará, pues Dios da a todos generosamente sin menospreciar a nadie."

Reflexión: ¿Cuál es la lección más importante que la vida ha estado tratando de enseñarte, y estás finalmente listo para aprenderla? Escribe esta lección y crea un plan para aplicarla en adelante.

_____

_____

_____

_____

_____

_____

_____

_____

_____

Día 8: La Verdad Sobre Ti

Escritura: "Entonces conocerán la verdad, y la verdad los hará libres." — Juan 8:32 (NVI)

¿Cuál es una creencia que has tenido sobre ti durante años que quizá ya no sea cierta? ¿Ha moldeado tus decisiones de maneras que ya no te benefician? Pídele a Dios que te revele la verdad sobre quién eres hoy.

_____

_____

Día 9: Enfrentar lo No Dicho

Escritura: "Depositen en él toda ansiedad, porque él cuida de ustedes." — 1 Pedro 5:7 (NVI)

¿Qué has estado evitando que, si lo enfrentas, podría traerte libertad? Pídele a Dios el valor para enfrentarlo, aunque sea un pequeño paso a la vez.

_____

_____

_____

_____

_____

_____

_____

_____

_____

_____

_____

_____

_____

Día 10: Decisiones Sin Miedo

Escritura: "Pues Dios no nos ha dado un espíritu de timidez, sino de poder, de amor y de dominio propio." — 2 Timoteo 1:7 (NVI)

Si el miedo no fuera un factor, ¿qué decisión tomarías hoy? ¿Qué te detiene? Da un paso adelante con fe, aunque sea pequeño.

_____

_____

_____

_____

_____

_____

_____

_____

_____

_____

_____

_____

_____

Día 11: Lecciones Que Esperan Ser Aprendidas

Escritura: "Enséñanos a contar bien nuestros días, para que nuestro corazón adquiera sabiduría." — Salmo 90:12 (NVI)

¿Qué lección ha estado tratando de enseñarte la vida? ¿Estás finalmente listo(a) para aprenderla? Ora por sabiduría, no solo para ver la lección, sino para aplicarla.

_____

Día 12: Conociendo Tu Valor

Escritura: "Te alabo porque soy una creación admirable. ¡Tus obras son maravillosas, y esto lo sé muy bien!" — Salmo 139:14 (NVI)

¿Realmente crees que eres digno(a) de amor, éxito y felicidad? Si no, ¿qué te está impidiendo aceptar esta verdad?

_____

_____

_____

_____

_____

_____

_____

_____

_____

_____

_____

_____

_____

_____

Día 13: Superando el Arrepentimiento

Escritura: "Por lo tanto, ya no hay ninguna condenación para los que están unidos a Cristo Jesús." — Romanos 8:1 (NVI)

¿Hay algún error del pasado al que todavía te aferras? La gracia de Dios lo cubre todo. Libera tu arrepentimiento y sigue adelante.

_____

_____

_____

_____

_____

_____

_____

_____

_____

_____

_____

_____

_____

_____

Día 14: Tu Diálogo Interno

Escritura: "Sean gratos los dichos de mi boca y la meditación de mi corazón delante de ti, oh Señor." — Salmo 19:14 (NVI)

¿Qué dice tu voz interior sobre ti? ¿Es amable o crítica? Alinea tus pensamientos con la verdad de Dios sobre quién eres.

_____

_____

Día 15: Fortaleza en la Debilidad

Escritura: "Te basta con mi gracia, pues mi poder se perfecciona en la debilidad." — 2 Corintios 12:9 (NVI)

¿En qué área te sientes débil? La fortaleza de Dios es suficiente. Confía en Él en lugar de depender de tus propias habilidades.

_____

_____

_____

_____

_____

_____

_____

_____

_____

_____

_____

_____

_____

_____

Día 16: La Compañía que Mantienes

Escritura: "El que anda con sabios, sabio se vuelve; el que se junta con necios, acaba mal." — Proverbios 13:20 (NVI)

¿Tus relaciones más cercanas te impulsan hacia el crecimiento o te frenan? Ora por discernimiento al elegir tu círculo íntimo.

_____

_____

_____

_____

_____

_____

_____

_____

_____

_____

_____

_____

_____

Día 17: Redefiniendo el Éxito

Escritura: "Más bien, busquen primeramente el reino de Dios y su justicia, y todas estas cosas les serán añadidas." — Mateo 6:33 (NVI)

¿Qué significa el éxito para ti? ¿Tu definición se alinea con la de Dios? Busca Su dirección.

_____

Día 18: Sanando las Heridas

Escritura: "El Señor está cerca de los quebrantados de corazón y salva a los de espíritu abatido." — Salmo 34:18 (NVI)

¿Qué herida sigues cargando? Entrégasela a Dios y permite que Él traiga sanidad.

_____

_____

_____

_____

_____

_____

_____

_____

_____

_____

_____

_____

_____

_____

Día 19: Frente al Espejo

Escritura: "Examínense para ver si están en la fe; pruébense a sí mismos." — 2 Corintios 13:5 (NVI) ¿Cuándo fue la última vez que examinaste tu propio carácter? ¿Qué ves? ¿Qué necesita ser refinado?

_____

_____

_____

_____

_____

_____

_____

_____

_____

_____

_____

_____

_____

_____

Día 20: Asumir la Responsabilidad

Escritura: "Cada uno examine su propia conducta; y si tiene algo de qué sentirse orgulloso, que no se compare con nadie." — Gálatas 6:4-5 (NVI) ¿Qué decisiones te han llevado hasta donde estás? Asume la responsabilidad de tu camino.

Día 21: Soñar de Nuevo

Escritura: "Porque yo sé muy bien los planes que tengo para ustedes —afirma el Señor—, planes de bienestar y no de calamidad, a fin de darles un futuro y una esperanza." — Jeremías 29:11 (NVI) ¿Has dejado de soñar? Pídele a Dios que reavive tu visión para el futuro.

_____

_____

_____

_____

_____

_____

_____

_____

_____

www.ingramcontent.com/pod-product-compliance
Lightning Source LLC
LaVergne TN
LVHW021453080426
835509LV00018B/2261